PEDAGOGY
IN
EDUCATIONAL
REVIEW

姜朝晖

/

著

教育学术
的
另一种表达

PEDAGOGY IN
EDUCATIONAL
REVIEW

时评里的教育学

江西教育出版社

·南昌·

图书在版编目(CIP)数据

时评里的教育学：教育学术的另一种表达 / 姜朝晖著. -- 南昌：江西教育出版社，2022.1
ISBN 978-7-5705-2929-2

Ⅰ.①时… Ⅱ.①姜… Ⅲ.①教育－文集 Ⅳ.①G4-53

中国版本图书馆 CIP 数据核字 (2021) 第 266392 号

时评里的教育学 —— 教育学术的另一种表达
SHIPING LI DE JIAOYUXUE —— JIAOYU XUESHU DE LINGYIZHONG BIAODA
姜朝晖 著

江西教育出版社出版

(南昌市抚河北路 291 号　　邮编：330008)
各地新华书店经销
南昌市红星印刷有限公司印刷
开本 700 毫米 × 1000 毫米　　1/16　　印张 17.5　　字数 203 千字
2022 年 1 月第 1 版　　2022 年 1 月第 1 次印刷
ISBN 978-7-5705-2929-2
定价：48.00 元

赣教版图书如有印装质量问题，请向我社调换　电话：0791-86710427
投稿邮箱：JXJYCBS@163.com　　电话：0791-86705643
网址：http://www.jxeph.com

赣版权登字 -02-2021-737
版权所有　侵权必究

序言

　　时评是对当前发生的新闻事实、现象发表见解的一种文体。现在，无论是主流媒体，还是地方报刊，大都设有时评栏目，就时事新闻和形势政策作出评论。它对于宣介政策、释疑解惑、纾解民意，都具有非常重要的引领作用。教育时评属于专业性评论，是时评中的一种，主要就教育热点难点问题发出专业声音，对教育现象和问题发表评论，为教育改革发展建言献策。

　　教育是民生之基，涉及千家万户的切身利益，事关亿万孩子的健康成长。新中国成立以来，我国教育发生了历史性变革，取得了历史性成就，但教育发展还存在不平衡不充分的问题，人民群众对教育有更多期盼。在新媒体快速发展的今天，人人都是自媒体，人人都有麦克风，对于教育的各种质疑的声音从未停止，似乎每个人都对教育有话说，每个人都可以批判教育。

　　对于教育发展过程中的不同声音，由于发声主体的不同，效果也截然不同。有些是积极的批评或是建议，说出了教育发展存在的问题，指出了改进的努力方向，对教育事业发展具有正向的作用，甚至在某种程度上推动了教育教学的改革和发展。但与此同时，也有不少是负面的声音，有些是毫无根据的说辞，这些言论通过网络、自媒体渠道传播出来，对教育的发展不但没有起到帮助作用，反而增加了人民群众的"焦虑感"，影响了教育部门的管理工作，干扰了学校的正常教学秩序。

从个人权利的角度来看，每个公民都有表达自己观点的自由，拥有表达诉求和意愿的正常权利。但是，从教育作为国之大计、党之大计的高度来看，务必要努力营造良好的社会发展环境，推动形成学校、家庭、社会共同促进教育改革发展的良好氛围。因此，对于先进教育理念的普及、国家教育政策的宣传解读、教育现实问题的释疑解惑，就特别需要专业的平台、专业的力量，及时组织开展教育时评工作。

教育时评是一项非常专业性的工作，同时它也具备一定的科学普及性质。我很欣喜地看到，中国教育科学研究院、北京师范大学等单位非常重视舆论引领和教育科普的工作。通过专业期刊刊发习近平总书记关于教育的重要论述和国家重要教育政策解读文章，在电视、报纸、网络等平台及时回应社会关切的教育议题，以及举办教育科普论坛，发出专业声音，发表专业见解，凝聚社会广泛共识。

姜朝晖博士的《时评里的教育学——教育学术的另一种表达》，是他在媒体上发表的时评的集成。全书分为"理念重塑""政策解读""实践引领""文化建言"四个篇章，共收录100篇文章。这些时评不是简单的就事论事，而是在对教育现象和问题的批判中，运用教育学专业的知识，提出教育发展要遵循教育教学规律，特别是要以习近平总书记关于教育的重要论述为指导，遵循中国特色社会主义教育发展的基本规律。姜朝晖的时评高度契合了《中国教育现代化2035》提出的新发展思想、新教育理念。可以说，该书不仅仅是教育时评本身，更是作者对教育理念、原则、逻辑和规律的深度思考，是教育学专业知识在时评中的具体运用和体现。

作为一名教育老兵，我一直关注着我国教育的发展，并致力于推动教育科学知识的普及工作，近期还就"双减""民办教育发展"等热门话题发表了一些专业见解。期待更多的从事政策和理论研究的教育专业研究人员，从书斋式的学问中跳出来，密切关注、及时回应现实中的教育热点难点问题，为新时代教育高质量发展营造良好的舆论环境。

是为序。

2021 年 8 月 16 日

目录

1 理念重塑 CHAPTER ONE

让孩子怀着梦想去追求幸福	002
兴学重教是最好的投资	005
乡村教育要留点乡土味儿	008
教育该是痛苦的还是快乐的	011
快乐教育切莫矫枉过正	013
"竞技教育"当休矣	015
教育"问题孩子"更要多点儿耐心	017
"男子汉"教育,要讲科学	019
不必把"解题神器"看成洪水猛兽	021
"补课又不是杀人放火"暴露谬误教育观	024
为"哈佛女孩"祛魅彰显现代育人理念	026
尊师重教怎么强调也不为过	028
教育经费要大力支持教师发展	030
重奖教学引导教师回归本分	033
教师资格考试热是好事	036
学校应急决策应赋予校长自主权	039
"校长道歉"释放管理变治理信号	041

大学教授上讲台本应是常态 043
高考只是人生的中继站 045
让农村孩子进名校还要迈大步 047
延期毕业，意义不止于就业缓冲 050
学历何须"查三代" 053
保研"唯出身论"不可取 055
高质量就业应在办学质量上下功夫 058
到基层去，就业天地很宽广 060

2 政策解读
CHAPTER TWO

科学思维，把握时代发展方向 064
培育淡泊名利、甘于奉献的高尚情操 067
新时代社会各界要关心青年成长 070
以绿色发展引领教育风尚 073
"记得住乡愁"是一个重要的教育命题 076
健全立德树人系统化落实机制 079
充分发挥新时代劳动教育的德育功能 082
深刻理解教师轮岗背后的深意 087
推动家庭教育立法应由国家主导 090
学生减负正在稳步推进 093
"减负"很复杂，理性不可少 096
中小学法制教育常态化值得期待 099
依法治教，教师大有可为 102

领导干部上讲台值得期待 104
学校应急演练要常态化不要形式化 106
"不得跨市招生"不能沦为空文 109
优化学籍管理是高质量教育必然要求 111
培训成绩与入学脱钩是正本清源 114
"在家上学"替代不了义务教育 117
"双一流"建设更要脚踏实地 120
"强基计划"接棒，利在长远 123
提高本科教育质量刻不容缓 126
加快推进高等教育内涵发展 129
"劳作教育"作为必修课要落到实处 132
不唯"指标"有利选拔优才 135

3 实践引领
CHAPTER THREE

基础教育的短板在哪里 138
课程改革如何高效 140
理性看待名校直播班走红 143
学校责任失守助长补课歪风 145
回归育人初心方能上好体育课 148
"麻雀学校"开得起来更要办得下去 151
不批评不是尽责老师 153
"连坐"惩戒不合法也不合理 155
处理师生冲突不可过分袒护学生 157

不当教育惩戒学校管理也有责任	160
"校长下跪"是教育大爱情怀	163
招生诈骗频发，大学也要长心眼	165
贫困生演讲"比穷"有违助学伦理	168
"最严"教学新规不能止于惩罚	171
"非升即走"制度应在争议中完善	173
学生喜欢的课堂就是好课堂	176
网课，对低幼儿莫要"硬"来	178
远程学历教育含金量不能缩水	180
校车安全齐抓共管才能标本兼治	182
"慕课"高辍学率亦不妨理性看待	185
"帮校长上头条"给谁敲了警钟	188
军训少些娱乐化"创新"	190
金钱铺就的转学捷径必须堵死	192
与毕业生留影：校长不能缺席的一课	195
"战疫"是最生动的爱国主义教育	198

4 文化建言
CHAPTER FOUR

教育需要建设性的舆论环境	202
"超级中学"不应一家独大	205
规范"名校办民校"迫在眉睫	208
学校是良好教育生态的建设者	210
关爱儿童不能只停留在口头上	212

对未成年人惩戒切莫过了头 … 215

莫让竞赛产业化 … 217

绝不让劣质办学机构误人子弟 … 219

"游学乱象"亟须正本清源 … 222

网瘾被乱治,教育不能熟视无睹 … 225

游戏成瘾问题不容忽视 … 228

"宝马高考生"作恶绝不能姑息容忍 … 230

毛笔体录取通知书彰显人文关怀 … 233

家校合力让在家上学效果最大化 … 236

家长也要摆正就业心态 … 239

请别给"90后"毕业生贴"爱毁约"标签 … 242

从美国家长点赞中国教育说起 … 245

大学生创新创业意识要鼓励 … 247

大学"无限开放"偏离服务社会本意 … 250

"大学生村"折射可贵的文化坚守 … 252

书法教育要上升为国家文化战略 … 254

诺贝尔奖会从年轻海归学者中产生吗 … 256

同行评议不应成学术造假温床 … 258

高等教育国际化须警惕过度商业化 … 261

留学生教育如何提质增效 … 264

后记 … 267

CHAPTER ONE

理念重塑

理念是行动的先导。新时代坚持新发展理念,是贯彻党的教育方针、落实立德树人根本任务的基本要求。本编收录了作者发表在《光明日报》《环球时报》《中国教育报》等权威媒体上的25篇时评文章,既有对教育本质和规律的回归,也有对现实错误观念的纠正,还有前沿理念的价值引领,旨在以先进的教育理念引领教育事业高质量发展。

让孩子怀着梦想去追求幸福

"你幸福吗?"这是2012年对每一个国人的时代考问;2013年伊始,又提出了"你的梦想是什么"新的畅想。这两个话题都涉及人生深层次的需求,甚至带有终极性意义。在笔者看来,无论是幸福,还是梦想,都需要教育去实现,去完成。那么,我们需要思考的是,教育在幸福的人生和梦想的实现中应该起到怎样的作用?

教育与幸福,不可分离。诚如美国著名学者内尔·诺丁斯所说,幸福或许不是教育或生活的唯一目的,但它是核心的目的。可以说,教育的重要目的即是为了学生的幸福。

有很多学校都提出"幸福的教育""为孩子幸福人生奠基"等口号。那么,什么是幸福的教育?有学者认为,幸福教育就是追求"快乐有成"。仅仅快乐有可能成为享乐,仅仅有成也可能是以牺牲快乐为代价,完整的幸福应该既快乐又有成。在笔者看来,所谓幸福教育,从孩子的角度看,就在于能够给每个孩子一个被认可的机会,给孩子一个展现自我的平台,给孩子充分发挥自我潜能的一片天地。

当下的教育,在很多方面呈现出一种"异化"的现象。比如片面功利的价值取向,给孩子身心加重了负担,也让一线工作的教师不堪重负;分数俨然成了学校的政绩工程,孩子的全面、个性发展反倒是

本文发表于《中国教育报》2013年3月29日。

次要的；教与学，原本是一种艺术性的交流和享受，如今却成了许多教师和学生的负担。由此，也导致了教师和领导之间、学生和教师之间、家长和学校之间一种对立局面的出现。这样的教育，按照巴西著名教育家保罗·弗莱雷的提法，是一种被压迫者的教育。这种教育不仅不能造就孩子，反而会毁掉孩子的一生。

那么，这样的教育，孩子会幸福吗？还能有、敢有梦想吗？显然，当下的教育并不能给学生带来学习中的幸福，孩子的梦想从小就被扼杀在反复的作业和考试之中。新近北京市教委颁布"减负令"，这对孩子的健康成长来说无疑是一种福音。要让孩子真正从无穷无尽的作业和考试中解脱出来，只有这样，我们的孩子才能够谈得上幸福，谈得上去自由地追逐梦想。

多年前，我的一位教政治课的大学老师，因为我在课堂上回答了她的一个稍有挑战难度的问题，便夸了我一句"你真是一个天才"。尽管我知道，我并不是所谓的天才，但这让我铭记了一辈子，包括这句话，也包括这位老师。而当我大学毕业从教以后，我的一些文化学业成绩不好的学生，通过引导，在体育等特长方面取得了相当好的成绩，最后考上了理想的院校。作为教师，帮助学生实现自我的个性发展，便是教育的成功，便是幸福的教育。

而关于梦想，我们从小都渴望成为科学家、文学家、经济学家等，希望有朝一日能够为国家做出贡献。其实，从事教育工作的人都知道，不是每一个孩子都可能成为科学家、文学家等杰出精英人才的；但是，每一个孩子的确可以成为他自己。为人师的责任，就是尽可能帮助他们去实现这一目标。基于这样一个前提，作为教师，要平等善待每一个孩子、每一名学生，而不是只注重分数。当然，从政策设计来看，要逐渐改变"一考定终身"的局面，给孩子更多自由选择的发展空间。同时，从价值取向来看，无论是家长，还是教育工作者，也需要从根本上改变学生的发展观和成才观，改变对学生过高或过低的期许。

可以说，幸福是人类生活的永恒情结，追求幸福是推动人类发展的原动力。从教育者的角度看，幸福的教育，教育的幸福，应该是教育本身的应有之义。而梦想，则是人之为人的基本权利。今天，我们谈中国梦，谈中华民族的伟大复兴，其实真正落实和践行，还有待于我们的教育和孩子。因此，应尊重教育，让全社会形成尊师重教的氛围；应尊重学生，让孩子健康快乐自由成长；应尊重梦想，让孩子从小怀着梦想去寻求幸福。

时评新述

教育的目的究竟是什么？这是我们开展教育的元问题。从教育本体论的角度来看，教育的首要目的是使孩子全面而自由地发展，为孩子一生的幸福奠基。本文提出教育的重要目的即是学生的幸福，要尊重孩子的梦想，让孩子从小怀着梦想去寻求幸福。在当下教育"内卷化"日益严重的态势下，本文具有更加重要的现实意义，促使我们进一步反思教育的目的，从而推动教育回归初心和本质。

兴学重教是最好的投资

据媒体报道，一个连出租车都没有的深度贫困县——云南省绿春县，却花了2亿元修建了一所中学。这成为日前舆论热议的一个话题。可能有人认为，贫困地区经济落后，财政收入相对有限，投入2亿元巨资办校似乎不理性，也没必要。笔者则以为，投资于教育、投资于人，是最有价值的投资，应该大力鼓励支持贫困地区兴学重教。

诚然，单从经济角度考虑，投资办学短期内很难有丰厚的经济效益，远不如投资某些产业见效快。相对于经济较为发达的地区来说，贫困地区在财政收入上较为捉襟见肘，能够挤出资金兴学办教育，极其不容易。何况教育经费投入远不止建几栋校舍那么简单，后续还有教学设备设施、后勤保障等一系列投入。但抛开经济层面的考虑，从实际情况来看，一个县城在此之前都没有一所完全高中，也很难想象。由于办学条件有限，大量优质生源流失，当地一些家长对"教育改变命运"的信念和信心也明显不足。而办学条件改善带来的教育状况的改变，其意义远非短期的经济效益可比。如果只看经济效益而忽视社会效益，无疑是一种急功近利的短视行为。

在去年的全国教育大会上，习近平总书记强调"把优先发展教育事业作为推动党和国家各项事业发展的重要先手棋"。改革开放以来，

本文发表于《中国教育报》2019年11月12日。

特别是 21 世纪以来，坚持教育优先发展已成为我国的重要战略，中国教育多年来取得了历史性成就，这一切都源于党和国家对教育的重视，以及持续不断地增加投入。2012 年，我国实现了财政性教育经费支出占 GDP 比重达 4% 的目标，截至目前，已连续七年保持在这一水平上。可以说，大力发展教育事业，无论对于国家发展还是区域发展来说，都是功在当代、利在千秋的事业。因此，贫困地区兴学重教，是落实国家教育优先发展战略的具体体现。

对贫困地区来说，能够克服各种困难，坚持兴学办教育，应该说是一种难得的远见。但这些教育经费用在什么地方，究竟是学前教育、义务教育还是高中教育？从理论上来讲，需要进行充分调研和论证。从媒体报道的情况来看，人民群众对这所新中学予以了充分肯定，认为给当地孩子们带来了走出大山的希望。显然这所中学的兴建，改变了当地教育生态，回应了人民群众对优质中学的关切。今年 7 月，笔者正好到云南省调研，从了解的情况来看，许多地方的确存在优质高中教育资源稀缺问题，办优质高中成为边疆贫困地区人民群众的教育新期待。在推动高中教育普及化、特色化、多样化和优质化的进程中，人民群众普遍希望更多优质高中教育的供给。事实上，在我国中部一些省份，或多或少也存在类似情况。

当前国家正在大力推进扶贫攻坚工作，到 2020 年我国农村贫困人口将全部实现脱贫。对于偏远贫困地区来说，打赢脱贫攻坚战，扶持经济产业发展固然重要，扶智、扶教同样重要。这样的典型例子有很多。笔者所在单位在对口支援云南省芒市的过程中，始终坚持把发展教育事业作为稳定脱贫的治本之策，聚焦"志智"双扶，拔除"穷根"，阻断贫困代际传递。通过与教育扶贫有关的教育规划、教师培训、学生资助、设施设备配置等方面工作的助力，芒市成为云南省首批摘帽脱贫的十五个县市之一。从这个角度来看，教育扶贫对于贫困地区早日脱贫并实现长远可持续发展，具有重大而深远的价值。

投资修建校舍，只是办好人民满意教育的基础条件。对于贫困地区来说，推动教育高质量发展，要充分利用政策红利，借助发达地区和对口扶贫支援单位的帮扶，学习先进教育理念，培养或引进一批优秀师资，优化教育结构以及提供相应的政策和制度保障，推动区域教育治理体系和治理能力现代化，进而实现贫困地区教育事业的快速发展，为全面巩固提升脱贫攻坚成果提供源源不断的人才支撑。

SHI PING XIN SHU | 时评新述

坚持优先发展教育事业，这是我国教育快速发展的宝贵经验，是社会主义国家发展教育的基本规律。本文提出投资于教育、投资于人是最有价值的投资，应该大力鼓励支持贫困地区兴学重教。在新发展阶段，各地各部门应积极贯彻新发展理念，构建新发展格局，进一步加大教育投入，对于巩固脱贫攻坚成果、实现乡村振兴依然具有重大而深远的意义。

乡村教育要留点乡土味儿

不单纯机械模仿城市幼儿园，不做"小学化"的学前教育，不脱离农村的山水土地……近日有媒体报道，两年时间里，一个名为"华夏乡村儿童启蒙教育"的项目在山西省、河南省一些村庄进行试验，"长势喜人"。周边地区的一些村民也到这些村庄取经，希望把这种"亲情、亲自然、亲乡土"的教育模式引入自己的村子。

众所周知，现在农村稍微有些条件的家庭，或者进城务工人员，都纷纷带孩子进城读书，哪怕是幼儿园，都认为是城里的好。从教育起点就想着彻底告别乡村。如何在乡村办好教育，如何确保乡村教育的质量，如何增强乡村教育的吸引力，成了非常迫切需要研究的课题。

笔者以为，"华夏乡村儿童启蒙教育"项目之所以受到欢迎，原因在于其暗含了乡村教育的规律和儿童成长的法则。乡村教育，究其本源来看，它并非是衰落、质量低的代名词，而是一种和城市教育相对应的教育模式。它强调的是借助乡村的资源条件，为孩子们提供最朴实无华的教育，让孩子们通过自己的切身体验，从大自然中去发现生活的真、善、美。

法国思想家、教育家卢梭认为，儿童在15岁之前，就应该在农

本文发表于《中国教育报》2016年9月20日。

村度过，接受最纯朴、最简单的教育。他甚至表示，只有"归于自然"的教育，远离喧嚣城市社会的教育，才有利于保持人的善良天性。这也就是他的"自然主义教育思想"的内核。我国20世纪初包括陶行知、梁漱溟、晏阳初在内的一批教育家，都在探索乡村教育的模式，探索通过教育改变乡村。不只是教育对乡村有积极影响，反过来，乡村对教育也有许多正向功能。尤其随着城镇化的推进，我们的孩子越来越聪明，越来越适应社会化的城市生活和节奏，但相应地，从小就沾上了一些不好的习性，许多孩子应该有的童真在一点点丧失，但若是放在农村，孩子就相对要单纯得多，简单得多。

儿童的成长本身就是一个不断从自然人向社会人转变的过程，乡土气息的农村，为孩子的成长营造了一个亲近自然、了解自然的环境，并通过自然化的教育，促进儿童的社会化。因此，从本质上看，乡村教育符合儿童的成长规律，有助于保护孩子的好奇心、想象力，让孩子成为一个健全的人。如果缺乏自然的教育，孩子的成长势必有所缺憾。

然而，由于师资短缺、基础设施不完善等问题，乡村幼儿园能把农村娃留下吗？这也成了许多人心中的困惑。笔者以为，相对于城市教育，乡村教育有其得天独厚的优势——山坡上讲课，田野里读书，生活处处是教育，孩子从小与花鸟虫鱼共舞，与山川河流为伴。这与工业化进程中城市教育那种对人性某种意义上的压抑和束缚，是有较大区别的。

当前，我国在大力发展学前教育，一定时期内，学前教育"入园难、入园贵"的矛盾仍将存在。这正好给乡村教育提供了难得的生长空间，而且乡村教育的优势，非城市教育可以复制。因此，乡村幼儿园的发展，应该有很大空间。但这种发展一定要充分结合乡村教育的优势，而不是照搬城市教育的发展模式。只有走特色发展的道路，让孩子记得住乡愁，留住乡土味儿，乡村教育才能真正成为学前教育发展新的增长点。其实，不仅是幼儿园，村小也应该是这个发展路子，如此，我们的农村教育才能走出日渐式微的尴尬与困境。

时评新述

　　社会即课堂，生活即教育。随着时代发展和社会变革，学生成长的环境正在发生变化。那么，乡村教育还需不需要保留乡土味儿？这是乡村教育振兴中一个必须思考的问题。本文提出，相对于城市教育，乡村教育有其得天独厚的优势。从本质上看，乡村教育符合儿童的成长规律，有助于保护孩子的好奇心、想象力，让孩子成为一个健全的人。在当前国家大力实施乡村振兴战略的背景下，乡村孩子的成长、农村文明的赓续，需要乡村教育保留乡土味儿。

教育该是痛苦的还是快乐的

现在社会上有这么一种观点,甚至一些专家学者也都这样认为:教育不尽是快乐的,里面隐含着痛苦的成分。正因为教育的这个特点,加上孩子还未成年,缺乏对世界的足够认识,不能独立进行判断,因此他们认为,成人不能一味对孩子让步,而必须管教和惩戒。

这种观点在家长中具有一定的代表性,也有一定的合理性。静下来思考,这样一种观点,主要包含两个方面的问题:一是教育是快乐的,还是痛苦的?二是教育要不要对孩子进行管教和惩戒?这两个问题,直指教学育人的本质,即便在理论界,也是仁者见仁。

教育是快乐的,还是痛苦的?笔者以为,这必须回到一个更本源的问题,即:教育是什么?从概念上讲,教育是教育者通过对人类长期积累的经验和知识的传授,实现受教育者从自然人到社会人过渡的过程。平心而论,教育作为一个中介或途径,本没有快乐或痛苦之分,如同探讨"人性本善或性本恶"一样。关键是谁来教、教什么、如何教。不同的人来教,效果就不一样;不同的内容、不同的方式,学生的体验自然也不一样。因此,从某种程度上说,"教育是快乐或是痛苦的",本身是一个伪命题。作为教育工作者,我们的奋斗目标,就是让教育变成一件快乐的事,让教师乐教,让孩子乐学。

本文发表于《环球时报》2017年11月7日。

那么，实现孩子的成人成才，要不要管教和惩戒呢？从传统文化来说，长期以来中国奉行"天地君亲师""棍棒底下出孝子"，教师是学校的绝对权威，是真理的化身。但过去一段时间，我们热衷于学习西方的各种教育思想，推崇"鼓励教育""学生中心"等理念。这就意味着，教师、家长要向学生让位，更多发挥孩子的作用。但问题来了，我们许多教师和家长发现孩子越来越难管教，孩子的发展越来越让人担忧，而且成人的权威也受到前所未有的挑战。许多家长不知所措。

在社会转型时期，这种焦虑在许多家长身上都有体现。严加戒管，与现代教育理念似有不符；放任不管，又担心孩子很难适应社会的发展。其实，理论界越来越多的人开始认为，鼓励教育是该大力倡导，但适度惩戒也是必要的。关键是什么时候该鼓励，什么时候该惩戒。从理论上讲，一味地鼓励与过度的惩戒，同样会毁掉孩子。笔者更想要表达的是，我们是不是该走出自以为是的成人世界，俯下身来，主动关注孩子，了解孩子，平等对话，静待花开。这或许才是教育应有的生态。

时评新述

教育究竟是痛苦的还是快乐的？这是一个非常深刻的教育学原理问题，甚至要深入到哲学和心理学层面来探讨。作为一个纯理论性问题，不同人对于这个问题有不同的看法，不同的学生也会有不同的体验。作为教育工作者和家长，我们需要结合孩子的教育实际进行深入思考，并不断矫正我们的教育理念和方法。

快乐教育切莫矫枉过正

日前，网传有教师因用尺子打了调皮学生，而被迫赔偿3万元。事情的真实原委，因未有详细报道，很难深究。但由此探讨对学生该不该进行惩戒教育，很有现实意义。笔者以为，没有爱就没有教育，但同样，没有适当的惩戒，对学生的成长来说，很难说是完整的教育。

作为一种教育方式，惩戒一直是中华传统师道尊严之一，并延续至今，自有其合理成分。我们甚至可以这样认为，中国传统教育对世界教育最大贡献之一，就在于强调师道尊严，充分发挥教师的主导作用。但时代发展到今天，在西方功利主义和后现代化思潮的冲击下，我国教师权威日渐式微，以至于带来了许多新问题。我们大都有这样一种体会，现在的孩子越来越以自我为中心，家长对孩子的成长越来越束手无策，教师对学生越来越不敢管也不敢罚。因此，无论从理论层面、政策层面还是实践层面，强调适当的惩戒教育仍非常必要。

与惩戒教育相对的恐怕是快乐教育。而审视当下社会流行的快乐教育，只夸奖不惩罚的弊端，已然给很多家长带来困扰，更给教育工作者带来许多新的挑战。如果快乐教育等同于从小放纵孩子的天性，等同于孩子喜欢学什么就学什么，想干什么就干什么，那么对家长来说，孩子未来发展只会遭遇更多困难，埋下更多隐患。对于学校教育

本文发表于《环球时报》2018年1月31日。

来说，脱离惩戒，只谈快乐和鼓励，对孩子的过错过失一味容忍而不管教，很难说尽到了教育者的本分。倘若某些负责任的教师惩戒了学生，并因此遭到家长举报投诉等，长此以往，只会导致教师越来越不敢管学生，越来越不敢担责，其后果可想而知。任由孩子"野蛮"发展，受不得一点挫折，最终对家庭和社会都会造成极大危害。

以鼓励为主要方式的快乐教育，来源于18世纪法国启蒙思想家卢梭所推崇的自然主义教育观。这种观点主张让教育符合孩子们的天性，让其自由自在地成长。从理论上来讲，这并没有什么问题，许多教育家也都做了有益的尝试。有些家长因此机械地、片面地理解快乐教育，以为只是鼓励，让孩子获得所谓的快乐，就能使孩子得到好的成长。这完全是一种误解。西方在推崇快乐教育的同时，并非不要规矩和规则意识，并非不尊重教育规律。这点我们应有清醒的认识。适当惩戒，就是要让孩子们遵守纪律和规矩，懂得感恩和敬畏，明白做人的最基本道理。

教育是一种培养人的社会活动，鼓励也好，惩戒也罢，各有优点和不足，应该有机结合，而不是任由其走向极端。当然，惩戒是有边界的，不能演变成对学生身体或精神的伤害。在当前盲目推崇快乐教育的氛围中，笔者以为，适当的惩戒教育仍有必要。教育主管部门、学校和社会应该共同坚持这样一种教育理念，并在实践层面维护好教师的合法权益。

SHI PING XIN SHU | 时评新述

本文提出，在推崇快乐教育的氛围中适当的惩戒教育仍有必要。清华大学有位退休教授在报纸上读到这篇文章，专门就孙辈教育的问题来信交流，并表示认同文章的观点和看法，给了笔者莫大鼓励。

"竞技教育"当休矣

第30届夏季奥运会在英国伦敦落下帷幕，中国体育健儿在赛场上奋勇拼搏，成绩斐然。作为一个体育大国，我们赢得了世界的广泛关注和认同。作为一个中国人，我内心无比骄傲，也一起享受着这份成功带来的欢乐。但奥运会的一些镜头和插曲也令我深思。在许多镜头中我看到运动员得到和失去金牌的不同表现，甚至有的运动员即使得到银牌也表示愧对国家。与此同时，媒体也专注于金牌得主而漠视银牌或铜牌获得者，比如，10米气步枪冠军易思玲赛后成为媒体焦点而同场竞技的季军喻丹却受到媒体冷落。对此人们有各种议论，也引发了对体育精神和奥运宗旨的思考。

奥运体育的精髓，并不仅仅在于"更快更高更强"，还在于"相互了解、友谊、团结和公平竞争"。金牌热捧银牌受冷，反映的是一种锦标心态。即便说"胜者为王"在竞技体育中是一条铁律，但它也不能成为社会生活的通用法则。现实中，这种锦标主义的泛滥已使得许多工作远离其本来意义，甚至违背规律。与竞技体育相仿的是，在教育领域，也存在过度追逐"金牌"、过度青睐"第一名"倾向，上演着"竞技教育"。

教育的本真是教人求真、求善、求美，促使学生成人成才。但在现实中，却在不断进行着追逐学科竞赛"金牌"，追求考试第一名

本文发表于2012年《中国德育》第7期观察栏目。

的"竞技",少数学校、家长甚至为此以牺牲孩子的身体健康和正常生活为代价。对一个国家来说,奥运金牌很重要,但是比金牌更重要的,是国民健康素养的普遍提升和积极乐观心态的养成;对一个运动员来说,金牌很重要,但比金牌更重要的,是能够积极地参加比赛,并享受这样一种体育盛宴;而对于孩子来说,"金牌"、第一固然很重要,但是更重要的,是能够健康成长,享受生活中的点滴快乐。

每当奥运会进行时,我们总会听到有关竞技体育和大众体育孰轻孰重的讨论。社会各界呼吁广泛开展大众体育运动,提升全民身体素质。同时,此次奥运集体项目的失利,再次提醒体育人才培养长期规划可持续发展的重要性。如此,才能真正实现从体育大国向体育强国的转变。

在笔者看来,在教育领域,"竞技教育"亦当休矣。我们应该摒弃锦标主义的思维,杜绝用竞技的模式来进行教育教学,应立足于我国人力资源的广泛性,遵循学生身心发展的规律,真正做到面向全体学生,促进学生全面发展。完善选拔培养人才的体制机制,创造适宜人才成长的土壤。这样,拔尖创新人才的培养才不会成为无源之水,人力资源强国建设才不会成为无本之木。

时评新述

竞技教育的价值取向,突出表现为强调教育的社会功能,特别是与竞技体育相仿的筛选功能。本文提出,应该摒弃锦标主义的思维,杜绝用竞技的模式来进行教育教学,应立足于我国人力资源的优势,真正做到面向全体学生,促进学生全面发展。奥林匹克运动会的新口号是"更快更高更强更团结",国人对于金牌的观念也渐趋理性;期待教育界早日改变竞技思维和相应的人才培养模式。

教育"问题孩子"更要多点儿耐心

常有家长为戒除孩子一些诸如"网瘾"等的不良习惯,把孩子送到军事化或半军事化的学校接受严格的教育。姑且不说这类学校的做法是否有成效,但家长的无奈和无措,由此可见一斑。

作为教育工作者,笔者非常反对给孩子人为地贴"标签",相信每位家长都不希望自己孩子就是"问题少年"。实际上,这些孩子一般是思想或行为上有异于普通孩子,并不一定就真有"问题",顶多是有一些不良习惯。把孩子送到像"豫章书院"这样的学校,主要责任还在于家长。据笔者观察,"问题孩子"的出现主要来自两方面原因:一是父母的不作为,从小溺爱孩子,让孩子染上了许多不好的习惯。而一旦孩子有了许多不良习惯之后,又不知道如何处理和帮助孩子走出困境,就只好"病急乱投医"。二是父母抱有高期望,把自己未实现的愿望寄托在孩子身上,处处高标准严要求,导致孩子心理上出现叛逆和反感,最后大多父母的愿望未实现,也因此毁掉了孩子的一生。

笔者以为,在孩子的教育问题上,适当的规劝和惩戒,有助于矫正孩子的行为,帮助孩子养成好的品行和习惯,但过度的惩戒甚至暴力,就构成了对孩子人身的侵犯,极有可能对孩子身心造成长远的影

本文发表于《环球时报》2018年4月21日。

响。这种影响，甚至还会延续到再下一代。教育是一门科学，更是一门艺术，家长是孩子当之无愧的启蒙教师，不懂得孩子成长规律和教育教学规律，不懂得用爱去引导和帮助孩子在每一个关键期的成长，很难说是一个合格的家长。

从社会来看，也要营造良好的办学环境和教育氛围。对于一些治"网瘾"学校或所谓书院，教育主管部门和相关部门也要严格审查办学资质，督查办学过程，不能让这些"挂羊头卖狗肉"的办学机构危害我们孩子的身心健康。家长也要起到很好的监护人的作用，不能做"甩手掌柜"，更不能成为"善意"的帮凶，以免追悔莫及。

对孩子特别是未成年学生，要多一份耐心、宽容和等待。我们既要给予必要的启蒙教育，让孩子从小对自己的言行负责，知法懂法，有所敬畏，也要掌握一定的方法，在各个关键期及时教育。特别是父母要以身作则，言传身教，在润物无声中帮助孩子养成好的品行和习惯。

SHI PING XIN SHU 时评新述

教育的根本任务是立德树人，其目的是实现人的社会化，出发点和落脚点都是孩子。研究孩子本身，是教育学最重要的任务。本文提出，"问题孩子"一般是思想或行为上有异于普通孩子，并不一定就真有"问题"，对孩子特别是未成年学生，要多一份耐心、宽容和等待。现实中，对于所谓的"问题孩子"，我们习惯"贴标签"，这与教育的本义背道而驰；我们更应该做的，是正视孩子的差异，因材施教，静待花开。

"男子汉"教育,要讲科学

近日,媒体报道有培训机构开办"男子汉班",旨在从小培养男孩的男子汉气概,要把男孩培养成男子汉。这一类型培训机构,据说在市场上很受欢迎,招生形势异常火爆。

类似"拯救男孩"的提法和做法,并不是新鲜事物。早在10年前就已提出,并有相关的实践探索,许多地方还开设了专门的教育机构或男子学校。"拯救男孩"一经提出,就引起过理论界激烈的争鸣,存在许多不同的观点。有直接揭露和批判这一现象的,也有从女权主义视角认为"拯救男孩"实质上是对女孩的不公,有人甚至认为在当今时代这种提法是一个危言耸听的伪命题。

站在不同的立场,对于"拯救男孩"自然会有不同的看法,也都有各自的道理。但客观上来看,"拯救男孩"的提出,一定程度上反映了我们的教育中在男孩培养上存在的一些问题,反映了老百姓的一些新期待。相对于其他一些国家的男孩来说,由于父母过度溺爱、流行文化的影响,许多中国男孩存在吃苦耐劳能力差、意志力不强的问题。这些问题已引起了教育界和一些有识之士的关注。

可以说,男孩"男子汉"气概的缺失,既有社会的因素,比如重男轻女的传统观念,"小鲜肉""花美男"流行文化的影响;也有家庭

本文发表于《环球时报》2018年12月1日。

的因素，比如父亲陪伴缺失、母亲在家庭中过于强势的问题；还有学校因素，如基础教育阶段女教师相对较多；等等。

事实上，从国际上看，随着经济社会的发展，普遍存在孩子中性化或双性化的问题。为了从小提升男孩的男子汉气魄和阳刚之气，在一些国家，是通过增加男教师的比例来实现，比如在欧美国家的幼儿教育中，男性教师屡见不鲜。也有些国家通过男女分班分校，开展差异化培养来提升男孩的能力。有研究表明，单一男校有助于男孩学业成绩整体上的提升。也有些国家通过从小锻炼孩子吃苦耐劳的精神来培养孩子的意志。近年来，日本孩子在寒冬里"裸跑"的新闻多次见诸媒体，日本许多幼儿园都在推行"裸保育"，在冬天对孩子们进行耐寒训练。在亲子陪伴上，欧美一些国家的父亲宁可晚上加班到深夜，也要回家与孩子共进晚餐。国际上的好做法，值得我们借鉴。

对于男孩的成长，既要矫正我们长期以来重男轻女、过度呵护的问题，也要充分发挥父亲的榜样作用，给孩子更多的陪伴。同时，从学校层面来说，也要尽可能地遵循男孩成长的规律和特点，进行科学引导和培养。笔者以为，培训机构的"男子汉"集中式训练，成效极有可能只是短暂性的，甚至还可能会因为培训机构教学方式方法不当，造成男孩心理上的更大负担，埋下心理隐患。因此，对于"拯救男孩"，要理性看待和正确认识，关键要遵循男孩的成长规律和身心特点，循序渐进帮助孩子成长成才。

时评新述

对于"男子汉"教育不宜过分强调。本文呼吁学校教育中应增加男性教师比例，家庭教育中父亲更不能"缺位"。

不必把"解题神器"看成洪水猛兽

近来一种新的手机应用软件风靡校园,被学生们称为"解题神器"。据说只要将作业试题上传到"解题神器",几分钟后就有"老师""学霸"给你答案,帮你"完成作业"。这样一种教育现象的出现,引发了不少教师、家长的担忧。笔者以为,"解题神器"固然有许多负面影响,但也有相应的正面价值,不妨理性看待。

毫无疑问,任何新生事物的出现,都有它的时代背景和存在的合理性。"解题神器",正是在信息技术迅猛发展的今天,开发商利用网络平台,整合各种题库和人力资源,为学生提供的一种作业在线有偿服务。之所以能够一时风靡,就在于学生有这种需要。笔者以为,表面上看,是学生为了偷懒,通过购买答案的方式完成作业,但背后却折射出学校布置的家庭作业过多过难,教师、家长难以实现个性化辅导的问题。

不管教师、家长支持不支持,"解题神器"都已经出现,已经为学生所掌握,并且已经在校园流行。这就需要我们客观和理性看待,倘若用强制性手段进行限制,比如没收手机、禁止上网等,可能事与愿违,很难奏效。

笔者以为,过多的限制,并不是高明的策略,反而会导致更多

本文发表于《中国教育报》2014年4月29日。

学生私下运用"解题神器",也可能会激化教师、家长和学生的矛盾。我们需要思考的是,哪些教育因素导致了"解题神器"出现?为何它能够获得学生们青睐?

从教育教学角度来看,大致有以下四个方面的原因:一是教师、家长布置的作业过多过难,学生学业负担过重;二是教师、家长精力能力有限,难以有效对学生进行个性化辅导;三是应试教育评价方式单一,过分重视习题训练;四是教师、家长的预期过高,过于看重分数。这样一些因素,迫使学生投机取巧,不得已而借助科技手段完成家庭作业或是应付考试测验。

从学生心理角度来看,年龄阶段特点注定他们对于新生事物充满了好奇,同时,之所以青睐"解题神器",不排除部分学生是为了纯粹完成功课任务的目的,但也有许多学生可能只是抱着试一试、玩一玩的想法。作为教师、家长,本来是"好"的出发点,为的是防止学生"误入歧途",但越是禁止,学生好奇心可能越强。

因此,作为教师和家长,我们不妨理性看待这些科技新手段,无须把"解题神器"看成洪水猛兽,过多担忧反而只能说明我们教育智慧的贫乏。也许,当一切有利于教育教学的手段都可以运用,甚至学生可以堂而皇之地使用各种类型的"解题神器",而我们的作业和考题需要学生创造性思考,不再是死记硬背的知识点,也没有了绝对的标准答案,如此,"解题神器"的负面影响和存在价值必然就大打折扣了。

其实,我们完全可以换一种思维,引导学生科学看待所谓的"神器"——既要看到它作为一种工具本身的功利性和局限性,也可充分发挥它的正面功用和教育价值,作为传统教学的一个补充,让学生主动借助信息手段去学习。当前,网络在线学习已经成了一种客观现实，如果考虑"解题神器"可能存在一些知识性错误，或是加重了学生家庭经济负担的话，我们完全可以从教育内部去整合资源，研发平台，免费为学生解惑。

总之，"解题神器"的出现，进一步暴露了我们的教育价值导向和传统考评方式的痼疾。更重要的是，它也给我们教育政策制定者提了个醒，即我们这么多年的应试教育究竟向何处去。这需要理论自信、方法自信，才能在教育改革中，从容面对各种类型的教育现象和问题。

SHI PING XIN SHU ｜ 时评新述

教育的发展，必然受到社会进步特别是科学技术的影响。好的科学技术，对教育发展具有重要引领作用，推动教育理念、育人模式和教学方式的变革。本文提出，引导学生科学看待所谓的"解题神器"，既要看到它作为一种工具本身的功利性和局限性，也要看到它可作为传统教学的一个补充，充分发挥它的正面功用和教育价值，让学生主动借助信息手段去学习。由此可见，在学校和家庭教育中，我们大可不必产生对科学技术发明的担忧，反而可以运用信息化手段的便利，提高教育教学效能。

"补课又不是杀人放火"暴露谬误教育观

近日,扬州高邮市多名学生家长向媒体反映,孩子刚上小学一年级,就被学校老师要求到校外一家培训中心补课,每门课收费260元,学费由老师代收。事情曝出后,当地记者前去采访,问及如何处理时,教育局负责人不耐烦地称:"又不是杀人放火,要处理什么。"

相比一些冠冕堂皇的官话,"又不是杀人放火",虽说有些傲慢,笔者以为,却反映了当地教育主管部门某些人的真实想法,细细思考这起事件,除了这位教育主管部门负责人的惊人"雷语",还有一些地方值得深究。一是让教师在小学生入校时收取补课费,已然不是教师个体行为,而是学校行为,甚至可能涉及当地教育主管部门。二是该校外培训中心作为社会力量培训机构,却挂着"关工委"的牌子,借助官方的影响力谋取私利。三是如果真如当地"关工委"回应的是为贫困学生做校外免费辅导,却为何又收取补课费用?再说这和国家教育"减负"政策也是相悖的。四是该培训中心在当地办了8年、小有声誉、补课教师以退休教师为主、教学内容主要是训练学生思维、事件处理要等上级回复等说辞,都有为当事人和学校搪塞开脱之嫌。

以往媒体报道有教师私下在校外补课的,也有学校利用校外机构集体组织补课的,但是像这样教师、学校、社会培训机构、当地教

本文发表于《中国教育报》2014年9月22日。

育局、地方关工委捆绑联合在一起，利用各自手中的权力，通过补课谋取私利的事情，却并不多见。而且对于这种明显违反规定的事情，教育主管部门负责人竟然不以为然，于理于法都说不过去。

近年来，国家出台了一系列政策规范办学，严禁补课。比如，2009年出台了《教育部关于当前加强中小学管理规范办学行为的指导意见》，2013年教育部公布了《小学生减负十条规定》（征求意见稿），2014年教育部颁布了《中小学教师违反职业道德行为处理办法》等。以上国家教育政策法规，都明确提出严禁"占用学生法定休息时间加班加点或集体补课"，不得"组织、要求学生参加校内外有偿补课，或者组织、参与校外培训机构对学生有偿补课"。可以说，对于中小学补课行为，国家三令五申禁止，但现实中许多地区仍屡禁不止，这不能不引起我们的重视和反思。

严禁补课，不仅仅是一个制度上的管理规范问题，更是一个思想和观念上的认识问题。要真正落实"严禁补课"的教育政策，一是要政府和教育主管部门从思想上高度重视，严格规范办学；二是对于违规的教育管理行政人员、一线教师，要及时严肃处理；三是逐步提高教师地位待遇，广大校长和教师也要自觉严于律己，坚持立德树人；四是社会大众尤其家长要积极监督，主动揭发教育教学中存在的违法违规行为。如此，才能从根本上杜绝校外补课行为，还教育一个良好的生态。

SHI PING XIN SHU | 时评新述

2021年"双减"政策实施后，我们非常欣喜地看到，全国各地都加大了对校外培训机构补课行为的规范，地方教育主管部门的政策意识在提升，家长教育理念也在逐步改变。

为"哈佛女孩"祛魅彰显现代育人理念

日前有媒体报道，一位正在美国哈佛大学就读的山东女孩张安琪回家乡青岛签售自传类图书——《通往哈佛的家庭教育传奇——门萨女孩张安琪成长之路》。结果，不但书的销量没有预想中火爆，反而引发了许多争议。与此同时，张安琪在青岛二中的校友、今年被美国耶鲁大学本科录取的高文斌同学，还在人人网发帖，旗帜鲜明地表示："不能接受张安琪利用一般公众的学术追星心理自我造神。"

在笔者看来，此事件充分说明，相比起之前媒体对于"学霸"的大肆热炒，当前不少民众的思维方式正在逐渐回归理性。更令人欣慰的是，如高文斌这样同样被冠以"学神""学霸"的青年学生，也在主动反对造神。给"学术明星"祛魅，彰显现代育人理念，正代表了教育正确的发展方向。

在我国，望子成龙、望女成凤是绝大部分家长的心愿。在现在竞争日益激烈的社会里，家长对于孩子的厚望，愈发变本加厉。许多孩子从一出生或者还未出生，就已经背上了沉重的"包袱"。

家长对孩子"情之深、望之切"，以至于在我国社会里，出现了许多家庭教育异化的现象。比如有些有一定社会地位的家长，打着"为孩子好"的名义，为孩子每个阶段都铺好路，以至于孩子丧失了自

本文发表于《中国教育报》2014年8月27日。

我选择的权利。由于一切都是被安排的，导致有些孩子从小就特别逆反，有些则因服从过多早早就丧失了个性。还有些普通家庭的父母，把自己当年未完成的心愿寄托在孩子身上，等等。家庭教育的异化，导致了许多育人问题：一方面是望子成龙、望女成凤，一方面是包管包办或放任自流。当发生诸多矛盾无法化解时，又汲汲于"他者的经验"，这也直接造成了家庭教育类书籍在一段时期内畅销的局面。

冠以"哈佛""剑桥"等世界名校牌子的伪成长书籍之所以备受追崇，反映了许多家长对于家庭教育缺乏正确认识，盲目照搬他人的经验，其结果大多不了了之。此次"哈佛女孩"书籍销量一般，除了类似图书较多之外，也反映了家长对孩子的成长有了更加清醒的认识。

相形之下，作为受教育者，尤其同样身为"学神""学霸"级别的高文斌同学，他的"抵制造神"呼吁更具有说服力。结合自身的经验和科学的分析，他进一步揭示了教育成功是遗传、教育和环境共同作用的结果，成才具有偶然性，并非都是规划出来的，更不是"造"出来的。可以说，他的公然反对"造神"，既是他的自我觉醒和主动对于"学神"身份的消解，也反映了大的育人氛围改善前提下青年学生的社会责任和主动担当。

SHI PING XIN SHU | 时评新述

人的成才成功，既有教育的因素，也有所处环境的影响，更有时代的机遇。刻意模仿或复制他人的成功路径，并不符合教育规律。"哈佛女孩"的祛魅，反映了我国社会的育人观念正在悄然发生改变。在现实中，面对不同的孩子，教育最大的意义，就是让孩子做他自己，充分挖掘潜能，成为最好的自己。

尊师重教怎么强调也不为过

当前，我国教育总体发展水平已经进入世界中上行列，成为许多国家特别是发展中国家办好教育的典范，这和1500多万教师的辛勤耕耘、勤勉工作是分不开的。然而，社会上也还存在一些对教师职业的不当言论。有人认为，教师有寒暑假，就想当然地以为教师工作很轻松，这其实是没有认识到教师日常工作的复杂性和艰巨性。即便是寒暑假，许多教师也都是忙于学习培训或为新学期工作做准备。也有人把少数教师课外补课现象扩大到整个教师队伍，说教师课上不教全知识，关键知识点都留在课外补习赚外快。这显然是以偏概全，忽视了绝大多数教师都在扎实工作、潜心育人。诸如此类，不一而足。

现今这个时代，我们不一定要像古人一样，把教师请上神坛。但是，我们内心一定要尊师重教、崇智尚学。不能因为极其少数的特例，就借此大肆诋毁教师，让教师群体形象受损。有些家长对教师工作常有无端指责，甚至对教师的负面言论还当着孩子面说。这往小处说影响的是自己孩子的成长成才，往大处讲影响的是国家和民族的长远发展。作为家长，我们常有这样的体验，自己家里一个或两个孩子都觉得带起来很累，换位思考，教室内动辄数十或上百名学生，要帮助和教育好每一个不同气质、不同性情的学生，是何其之难。因而，

本文发表于《环球时报》2018年9月10日。

无论是社会还是家长，都要对教师多一份理解与支持。

当然，在教师内部，也有极少数人的职业理想和信念确实发生了动摇。由于我国区域差异大，教育发展客观上也还存在一些不平衡不充分的矛盾，教师发展中也还存在一些亟待解决的问题，比如有些地区教师的待遇相对偏低，教师职称和专业发展还存在制度性的瓶颈，农村优秀师资匮乏、青黄不接的问题凸显等。这些问题，主要是教师发展的机制体制还有待于进一步理顺，教师队伍建设治理体系和治理能力现代化还有待于进一步完善。但总体来看，我国教师队伍建设所取得的成绩是主要的，教师的获得感、成就感和幸福感也都在大幅提升。

时代越是向前，知识和人才的重要性就愈发突出，教育和教师的地位与作用就愈发凸显。在新的历史起点上，社会各界要持续大力弘扬尊师重教的良好风尚，努力使教师成为全社会最受尊重、最令人向往的职业。

SHI PING XIN SHU | 时评新述

教师是教育发展的第一资源，教师队伍建设是基础工作。在第34个教师节前夕，笔者应《环球时报》约稿撰写了这篇倡导尊师重教的文章。教师承担着传播知识与思想的历史使命，肩负着塑造灵魂、塑造生命的时代重任，教师重要性无论如何强调都不为过。当前，随着国家对教师队伍建设的重视，教师的待遇和社会地位都得到大幅提升。相对于教育在中华民族伟大复兴中的重要作用而言，对教师队伍建设的重视还有待持续加强。

教育经费要大力支持教师发展

提高教师地位待遇、改革教师配备制度成为本届全国两会热议的话题之一。全国人大代表、重庆谢家湾小学校长刘希娅建议，教育经费向教师队伍倾斜，切实提高教师待遇，保障教师得到专业培训，将国家规定的生均经费5%用于教师培训提高为10%，专项用于校本培训、提高教师待遇等，增强教师职业吸引力。

教育经费投入向教师队伍倾斜的建议反映了广大教师的心声，也反映了当前我国教育经费投入中存在的结构性问题。近年来，我国教育经费投入持续增加。据统计，国家财政性教育经费总投入已超过3万亿元，连续5年GDP占比超过4%。在此背景下，我国教育基础设施面貌焕然一新，许多乡镇甚至农村地区学校都盖上了大楼，边远贫困地区最好的建筑便是学校。这说明我国教育硬件建设实现了彻底改观，为办公平而有质量的教育奠定了坚实基础。

然而，教育软件的投入以及相关制度安排还未有效跟上，一定程度上制约了教育的发展。刘校长提出教育经费向教师队伍倾斜，如切实提高教师待遇、增加教师培训的经费等，就是一种新的教育投入理念。在笔者看来，教育投入要从硬件转向软件，加大软件层面发展力度，才能为教育赢得未来。教育经费的投入和增加在保障最基本的教

本文发表于《中国教育报》2018年3月20日，标题有改动。

育教学条件之后，用于提升教师待遇和加大培训的支持力度，有助于增强教师职业的吸引力，提升教师的专业能力和水平。

教师承担着传播知识、传播思想、传播真理的历史使命，肩负着塑造灵魂、塑造生命、塑造人的时代重任，是教育发展的第一资源。党和国家历来高度重视教师工作。党的十八大以来，中央将教师队伍建设摆在突出位置，作出一系列重大决策部署，出台了一系列政策文件，教师队伍建设取得显著成绩，教师待遇整体呈上升趋势，特别是乡村教师待遇改善明显。但与此同时，由于我国区域差异大，有的地方对教育和教师工作重视不够，在教育事业发展中重硬件轻软件、重外延轻内涵的现象还比较突出。甚至在北京、上海等一线大城市，相比于其他行业的工作人员来说，教师待遇整体水平还偏低。因此，教育经费投入向教师倾斜，让教师过上有尊严的生活，安心从教、舒心从教，这既是广大教师的热切期盼，也是新时代教育发展的必然要求。

教师职业发展和培训，对于提升教师教育教学能力和水平，意义不言而喻。从整体上来看，我国教师的培训经费相对欠缺，许多教师很少有机会参与培训学习，其中一个非常重要的原因，就是没有相应的经费保障。笔者 2017 年年底曾参加了一个教育扶贫工作座谈会。在会议上获悉，有些援助单位给予了扶贫地区许多教师外出培训的机会和名额，包括食宿免费等，但由于差旅费用不包含在内，结果这些教师与培训失之交臂，究其原因在于没有相应的制度保障和配套经费的投入。

时代越是向前，教育越是发展，教师的地位和作用就愈发凸显。希望各地各部门在教育经费的投入中，转变发展理念，切实将一部分教育经费投入到提升教师待遇和支持教师培训上来，吸引更多优秀的人从教，增强教师的获得感，为加快推进教育现代化，建设教育强国提供有力保障。

SHI PING XIN SHU | 时评新述

加大对教育的持续投入，是我国教育事业取得历史性成就的关键。但是教育经费分配如何优化，怎样才能更有效益，是需要重点研究的理论和现实问题。本文提出，要转变发展理念，切实将一部分教育经费投入到提升教师待遇和支持教师培训上来，吸引更多优秀的人从教，增强教师的获得感。随着国家相关政策的出台，教育经费的使用，越来越支持教师发展和教育教学工作，并已初见成效。总体来看，需要进一步加大支持教师专业发展的力度。

重奖教学引导教师回归本分

今年教师节,浙江大学计算机科学与技术学院的翁恺老师拿到了一张沉甸甸的奖状,获得了永平杰出教学贡献奖,奖金100万元。这是继2017年空缺之后,浙江大学再度颁出永平杰出教学贡献奖。

从事教学工作,本是高校教师的本分,但相当长一段时间,我国高校出现了盲目追求排名,追求以课题、论文数量为导向的"科研GDP"竞赛,最重要的教学工作反而成了边缘工作。而浙江大学设立杰出教学贡献奖,并重奖教师,充分表明了对学校教师教学工作的重视。笔者以为,对于全国高校而言,此举具有非常积极的正向作用,会引导和鼓励更多优秀教师回归到教学育人工作。

今年教师节,适逢全国教育大会召开,习近平总书记出席大会并作了重要讲话,对教育和教师工作作出了非常重要的论述。他强调,全党全社会要弘扬尊师重教的社会风尚,努力提高教师政治地位、社会地位、职业地位,让广大教师享有应有的社会声望,在教书育人岗位上为党和人民事业作出新的更大的贡献。他同时指出,坚持把教师队伍建设作为基础工作。他还强调,随着办学条件不断改善,教育投入要更多向教师倾斜,不断提高教师待遇,让广大教师安心从教、热心从教。习近平总书记的重要论述,既是对全党全社会提出的希冀,

---

本文发表于《中国教育报》2018年9月18日。

也是对学校和教师提出的要求。

其实，关于尊师重教这个话题，过去一直在提，但教师，在大家的意识里，基本上是一个相对清贫的职业。虽然总体上饿不着，但也发不了财。随着经济社会的发展和有些地方、学校财力的日渐充足，通过教育教学、科研奖励或成果转化，教师的待遇得到了大幅提升，教师的社会地位也逐步提升，教师职业的吸引力也在进一步增强。

诚然，奖励不是目的，重奖更不应该成为噱头。翁恺老师做到了执着于教书育人，热爱教学工作，但他并非是冲着重奖去的，而是真正喜欢教学工作。他因为长期热心于慕课平台的建设，被称为"中文慕课第一人"，不仅在线下有浙大的学生，线上还有数以百万计的学生。网络听课的群体中有在校学生、有职员，甚至还有村民，翁恺把教育资源惠及更多热爱学习的人。教学之初，恐怕他很难想象到会有上百万的学生，更不用说想到有朝一日能获得浙大上百万的奖金。他的初心，或许仅仅只是因为热爱教学，珍惜这份光荣，爱惜这份职业，严格要求自己，备好每一次课，并在授课中不断完善自己的教学方式，提升教学成效，所以才获得广大学生的肯定和好评。

教书育人是高校的基本职能，也是首要职能。李克强总理在全国教育大会上谈到高校有关工作时，明确提出要坚持以教学为中心，同时指出鼓励各级各类学校与时俱进创新教育理念和人才培养模式，发展"互联网+教育"。这不仅对高校的中心工作进行了定位，同时也提出要创新教育教学理念和手段方法。

重奖教师教学，从教育主管部门和高校管理者的角度来看，是要引导高校工作真正回到教学本分。以笔者看来，重奖乐教爱教的老师，显然是一种积极导向，目的是让更多老师站稳讲台，热爱讲台，以育人为己任，这也是高教管理和改革的大势所趋，实质上也是一种理性回归。期待更多的高校教师能够安心从教，爱教乐教，并不断创新方式方法，切实提升教育教学质量。

SHI PING XIN SHU | 时评新述

　　教学育人是教育的基本职能，是教师的第一职业。长期以来，高校不当的评价导向，促使许多教师重视科研而忽视教学工作。本文提出，重奖乐教爱教的老师，显然是一种积极的导向，目的是让更多老师站稳讲台，热爱讲台，以育人为己任，实质上也是一种理性回归。随着我国教育评价改革深入推进，"唯论文""唯帽子"等顽瘴痼疾不同程度上已经得到矫正。尽管科研工作也很重要，但无论如何，高校都不能削弱教学这一首要职能。

教师资格考试热是好事

近日，2020年下半年中小学教师资格考试（笔试）在28个省份开考，又一大拨在校大学生走进了考场，迈上了求取教师资格证之路。近几年来，教师资格考试报考人数不断攀高，越来越多的优秀大学生希望加入教师行列。笔者以为，这一现象的出现，充分反映了党的十八大特别是全国教育大会召开以来教师队伍建设的积极变化，表明教师职业的吸引力在持续增强。

习近平总书记多次就教师队伍建设作出指示批示，国家层面也出台了一系列关于加强教师队伍建设的政策和意见。比如，2013年教育部印发《关于建立健全中小学师德建设长效机制的意见》；2015年中央全面深化改革领导小组审议通过《乡村教师支持计划（2015—2020年）》；2018年，中共中央、国务院印发《关于全面深化新时代教师队伍建设改革的意见》，这是新中国成立以来党中央出台的第一个专门致力于加强教师队伍建设的里程碑式文件，对新时代教师队伍建设作出了顶层设计；同年，习近平总书记在全国教育大会上提出"九大坚持"，"坚持把教师队伍建设作为基础工作"作为社会主义教育基本规律确定了下来。

在国家政策层面的重视和各地的积极落实下，教师的待遇、地位

本文发表于《中国教育报》2020年11月11日。

都在不断提升，教师职业的获得感、幸福感、吸引力持续增强。从 2020 年麦可思公司发布的中国大学生就业报告来看，本科毕业生就业比例最大的行业类是"教育业"，且呈现出逐年上升的趋势，2016 届就业比例为 13.7%，2017 届为 14.7%，2018 届为 14.9%，2019 届为 15.9%（其中在"民办中小学及教辅机构"的就业比例达到了 7.6%，接近了一半）。此外，"教育业"是 2019 届大学生自主创业的主要领域，本科创业中达到了 24.5%，接近四分之一。由此可以看出，越来越多的优秀大学生开始加入教师队伍。

教育是育人的事业，获得教师资格证是从事教师职业的最基本条件。参加中小学教师资格考试，是成为中小学教师的一个起点。从以往情况来看，教师资格证是成为公办学校教师的基本要求，但对民办学校、培训机构来说，要求相对没有那么严格；近年来，教育主管部门进一步加强了规范管理，规定：包括培训机构在内，民办学校聘用的教师必须拥有相应资格。2018 年 8 月，国务院办公厅发布《关于规范校外培训机构发展的意见》，明确规定"从事语文、数学、英语及物理、化学、生物等学科知识培训的教师应具有相应的教师资格"。应该说，对教师资格证的要求，已成为整个教育系统从业人员的一个基本条件。

数据显示，2019 年全年参加中小学教师资格考试的人数近 900 万。上半年的报考人数是 290 万，而下半年的报考人数一下子增长到 590 万，比上半年增加一倍多。在后疫情时代，大学生的就业观也在发生变化。可以预见的是，教师资格证已成为许多大学生必考的证书之一，同时越来越多的优秀大学生将会投身教育行业，进而整体提升教师队伍包括教育从业人员的素质。

总体来看，越来越多的大学生报考教师资格考试，说明教师职业的专业性在不断增强，既提升了教师职业从业的门槛，也吸引了更多有志于教育的优秀大学生加入教师队伍。对教育行业和教师队伍建设本身来说，这是非常令人鼓舞的事情。

SHI PING XIN SHU | 时评新述

好的教育，关键在于拥有一批优秀教师。作为一项专业性很强的工作，教师资格考试是进入教师行业的基本门槛。本文提出，教师资格证热，充分反映了党的十八大特别是全国教育大会召开以来教师队伍建设的积极变化，表明教师职业的吸引力在持续增强。2021年，许多地方师范大学的招生录取线超过了重点高校，教师行业受到了广大学生的青睐。让最优秀的人培养更优秀的人的愿景，正在逐步成为现实。

学校应急决策应赋予校长自主权

日前,全国人大代表、北大附中校长王铮在全国两会北京代表团全体会议上,就上月底学校因雾霾天停课一事作了回应,并称今后再遇类似的重大事件时,学校会有自己的方案,也许还会做这样的决定。

上月底,北京连续数日发布雾霾橙色警报,出于为学生健康考虑,王校长宣布学校停课一天。由于未达到《北京市空气重污染应急预案(试行)》规定的雾霾红色预警才停课的标准,在北大附中初中部停课后,海淀区教委随即要求学校恢复上课,但区教委的"叫停令"并没有起作用。此事引起了社会舆论的广泛关注,得到许多学生、家长的大力支持。

在突发事件面前,如何协调学生健康安全和教学常规管理的关系,考验校长的胆识。毫无疑问,学生的健康安全,是一切教育活动的根本和底线。离开了安全和健康,一切都无从谈起,这也是学校的首要责任所在。而教学的常规管理,在于规范办学和教学行为,维持正常的学校教学秩序。当两者发生冲突时,教学常规管理应无条件地对学生的健康安全做出让步,任何理由和借口都不能以牺牲学生的健康安全为代价。从这个角度来说,北大附中校长擅自停课赢得了舆论的理解和支持,也在情理之中。

本文发表于《中国教育报》2014年3月14日。

但问题是，北京市已经出台了相应的标准，规定只有出现雾霾红色预警学校才能停课，对于橙色和黄色预警，只有停止户外活动和体育教学等要求。在没有达到这一标准之前，学校停课，按照常理，这是重大的校园事故。但是，为了学生的健康，北大附中校长甘冒被处分的风险，某种程度上彰显了其对办学理念的坚守。

其实，面对一些大事、急事，教育主管部门很难迅速做出应急预案，并在第一时间通知到学校。以雾霾污染为例，气象局发布的预告虽然总体上是科学的，能够作为是否停课的依据，但即便再精确，也不可避免地具有一定区域性和时效性。连续重大污染，已危及学生的健康安全，校长对学校现有的教学安排做出一定的调整，并非没有必要。

当前，我们提倡教育治理体系的构建，推进治理能力现代化。其实，教育治理体系现代化要求管办评分离，各司其职，建立相互协商机制，但重点在于落实学校办学自主权。在这起事件中，教育主管部门的及时介入，是履行其管理督促的职责。令人欣喜的是，海淀区教委在了解情况之后，把主动权交给了学校，反映了其对学校办学自主权的尊重。

笔者认为，学校遇到急事、大事，决策权应当在学校和校长，这是建立完善现代学校制度，落实办学自主权的必然诉求。但是，校长说了算，并不等于校长可以天马行空肆意妄为，而是在办学过程中必须遵循教育教学规律，始终坚持以学生的健康快乐成长为本，并自觉接受教育主管部门的问责和社会大众的监督。

SHI PING XIN SHU | 时评新述

校长作为学校的第一责任人，对学校发展具有至关重要的作用。建立现代学校制度，很重要的一点就是要落实校长办学自主权。

"校长道歉"释放管理变治理信号

湖南某中学日前实行新的校门管理制度：下午学生进校一律走侧门，不能走大门；进校还得打开书包，接受检查，以防带入饭菜和零食。此事经媒体曝光后，学校方面解释称，搜学生书包是出于安全管理考虑，同时承认该行为很不妥，校长代表学校向学生书面道歉。

笔者以为，学校搜查学生书包固然不对，但校长能够主动书面道歉，也的确反映学校管理在进步。对于这样一起事件，首先需要审视我们当前的教育环境。正如校长道歉书中所写，"安全始终是学校的头等大事，不是校长和学校不肯担责，而是担不起责！"正是在这种重压下，才有了校方搜查学生书包的极端行为。更大的问题是，学校管理一味围着安全打转，以安全的名义绑架一切，实际上偏离了教学育人的本质。学校不是看守所，更不是监狱。因此，对学生强制搜查书包，无论出于何种考虑，都是不合理，且不合法的。

学生在被强制检查书包后，能够对这种侵犯公民隐私的行为进行质疑，并且借助媒体进行检举曝光，这反映了当代中学生维权意识的进步。但笔者认为，此事最大的亮点还在于"校长道歉"。校长能够直面问题，坦诚致歉，这是难能可贵的。

近年来，现代学校制度倡导的扁平化、民主化治校理念逐渐深入

本文发表于《中国教育报》2014年5月8日。

人心，学校开始改变传统科层制的管理模式，逐步实现由"管理"向"治理"的转变，学校也相应成为一个学习共同体，而校长则通过人格魅力、专业技能、管理艺术等赢得师生的认同。因此，倘若校长仍然抱有对学校加强控制管理，只要确保学生安全就万事大吉的想法，显然是与时代潮流脱节的。因为担心学生饮食安全问题便强制搜查书包，其实就是传统的学校管理思想在作祟。以笔者看来，各个时期不同阶段、不同区域、不同层面，学校教育都不可避免地存在各自的问题，但不能因为有问题而不正视、不作为，更不能瞎指挥、乱作为。

其实，具体到这个为了食品安全强制搜查书包的事件，校长和学校管理层完全可以拿出更加开放的姿态，相信学生完全有能力去选择他们喜好的、安全的食品。同时，为了确保学生健康安全，也可专门进行食品安全方面的教育。再者，也可在校内为学生提供更多健康的饮食选择，完全用不着大动干戈，强行搜查书包，最后以"道歉"收场。

笔者以为，校长主动向学生道歉值得肯定：至少从打开心扉直面问题、解决问题这个层面上，已经迈出了巨大的一步，这无疑是学校管理的进步。但是，"校长道歉"，诚意固然可取，而更高明的是能够未雨绸缪，防患于未然。现代学校校长应该拥有清晰的办学思想、思路，遵循教育教学规律，实行人性化的学校管理。从这样一个更高层面来看，校长队伍职业化、专业化还任重道远。

SHI PING XIN SHU | 时评新述

现代学校制度下的学校管理，不再是科层制的传统管理，而是校长、教师、家长、学生甚至社区等多方利益者的共同治理。从管理到治理，是现代学校从理念到制度层面的巨大进步。

大学教授上讲台本应是常态

据媒体报道，陕西师范大学章竹君教授数十年如一日为本科生授课。虽然他即将迎来80岁生日，却仍坚守讲台，乐此不疲，深受学生喜爱，成了名副其实的"网红"教授。

章教授之所以成了"网红"教授，一是在于他作为全国知名的教授，坚持给本科生上课，理应称道；二是他不是短期的授课，而是长期坚持，更属不易；三是他的讲课通俗易懂，能够为不同学科、专业的学生们所喜爱，尤为难得。

得天下英才而育之，是人生最大的乐事之一。在大学，教师面对一拨又一拨的青年才俊，和大学生们进行思想碰撞，引导大学生们一起成长，应该是非常愉快的事情。现在许多高校教师，认识上存在一定偏差，把教学当成任务，当成一种纯粹"贡献"，就很难会有乐趣。其实，教学相长是教育教学的基本规律，教学工作，能促进大学教师的科研工作。章教授就是一个典型的案例，不仅课上得好，也是科研大家，著作等身，并没有因为给大学生上课就荒废了自己的科研。

不管大学如何演进，人才培养始终是大学的基本职能和首要功能。不管一流大学还是一流学科，终归要落到一流的学生培养上来。由于不当的评价导向，导致现在的高校教师把相当部分的精力都用在了科研上，或者忙着在外走穴讲课，用于培养学生、精心给学生们

本文发表于《中国教育报》2017年5月23日。

讲课的时间其实并不多。从中国教育科学研究院高等教育研究所最新发布的全国高等教育满意度调查情况来看，关于大学生课堂教学的问题，处于得分最低之列。这应该引起高度关注和重视。

诚然，不乏大学教师反映，现在学校管理的导向上出了问题，以科研为唯一标准。但这种导向近年来已经慢慢在改变，国内许多高校都已出台了教学教授制度，把教学作为职称评定的重要考量，或者重奖教学名师。其实，最先需要改变的是大学教师自身的价值取向——别忘了作为教学育人的根本职责。有些大学教师的课照本宣科，忽视了教学方式方法的创新，不被大学生所认同。大学教师要和章教授一样，认真去研究教育教学方法，认真备课。章教授上同一专题课数十年，他不断更新前沿知识，常上常新，如此才能赢得不同学科、不同专业甚至不同时代学生的喜爱。

当前，我国的高等教育快速发展，已从以规模和数量为特征的外延式发展，开始向以质量提升为特征的内涵式发展转变。由此而来的问题就是，如何提升大学生的教育质量，特别是教师的教学质量，这成了新时期高等教育发展的重点。这就要求大学教师把主要精力放到教学上来，放到学生身上来。

SHI PING XIN SHU | 时评新述

课堂和讲台，是教师传授知识、培养人才的主阵地。教授上讲台，是教授之所谓为教授的应有之义。但是在相当一段时期，大学重科研轻教学的不当价值取向，使教授上讲台成了稀有的现象。2018年新时代全国高等学校本科教育工作会议特别是全国教育大会之后，总体上大学更加重视教学工作，更多的大学教授开始走上讲台，大学逐步回归育人初心。

高考只是人生的中继站

今天，一年一度的高考再次鸣锣。可以说，高考不仅牵动着千万考生和家庭的视线，同时相关信息的传播也让高考成为全社会的共同关注。

只要我们留心观察，就不难发现社会上对于高考过度关注的种种异常现象。比如考前某些学校热火朝天的"高考宣誓"，临考有些考生"集体撕书"发泄，还有些家长在孩子高考前"求神拜佛"。再做深入观察，还会发现有不少地方或学校仍执着于考入"清华北大"的人数并视为政绩，有些高校也通过各种方式提前"掐尖"，高考后许多学校大肆炫耀向全国人民"报喜"。而在社会上，有关高考的衍生品也是层出不穷，比如"高考营养餐""高考房"就供不应求，许多商家还利用高考"状元""谢师宴"等来做文章。诸如此类现象，年年常有，岁岁常新，某种程度上极易诱发全民焦虑。

对高考的过分关注，与我们的文化传统有很大关系。我国自隋朝开始科举取士以来，教育就被赋予了特别功能。它不仅仅是求知问道探究真理的方式，更是成为阶层流动、实现个人理想和抱负的一条重要途径。这种通过高考改变命运的思想，已深深植入了我们民族的文化基因。但是高考发展到今天，客观而言，充其量只是进入大学殿堂

本文发表于《环球时报》2018年6月7日。

的一张入场券。过分重视高考，反而会带来一些负面影响。有关调查显示，我国某知名大学的一年级新生，其中有 30.4% 的学生厌恶学习，或者认为学习没有意义，还有 40.4% 的学生认为人生没有意义。可以说，这些大学生都是高考战场上，千军万马中杀出来的赢家，却过早地"空心化"，让人震惊。

其实，从 20 世纪 70 年代开始，终身学习已成为一种新的趋势，终身学习能力也是现代人才的重要标志。可以肯定的是，社会发展的速度在加快，知识的更新也在加速。学会学习、学会求知的重要性远高于对知识的机械记忆和简单理解。高考中相当多的知识只是对阶段性学习的检测，有其自身的局限。从这个角度看，过于看重高考，不如注重学生终身学习能力的养成。

随着我国经济社会快速发展和高等教育总体水平的提升，优质高等教育资源的供给也在不断增加，学生相比以往有了更多选择。引导全社会以平常心看待高考，让每个学生都能接受合适的教育，并且保持终身学习的热情和能力，应该成为我们新时代教育的价值取向。

SHI PING XIN SHU | 时评新述

教育具有筛选功能，高考在一定程度上履行着为社会选拔人才的重要职能。高考对于实现阶层流动、为国家选拔优秀人才发挥了非常重要的作用。现在我国已经进入了高等教育普及化阶段，越来越多的人能够有机会接受高等教育，高考的筛选功能一定程度上在减弱，"一考定终身"的局面正在改变。从未来发展来看，将更看重学生的终身学习能力和可持续发展能力。

让农村孩子进名校还要迈大步

据报道，9月刚开学，记者从北京大学和清华大学获悉，今年有近千名寒门学子圆梦最高学府，两所高校在招生中为更多来自贫困地区和农村的孩子提供了改变命运、实现梦想的机会。

让更多农村孩子进名校，是国家促进教育公平的重要举措。近年来，通过国家贫困地区专项计划、地方贫困地区专项计划等，更多孩子圆梦名校。据初步统计，2016年，国家、地方和高校3个专项计划共录取农村和贫困地区学生9万余名，较2015年增长20%以上，这充分说明我国高等教育在改善农村孩子入学机会的政策倾斜上，取得了较好成效。应该说，国家扶持农村教育的制度善意、政策价值，得到了社会各界的广泛认可。

然而，有一些人认为，针对农村学生的专项计划对城市学生不公平，无法从根本上解决城乡教育不够均衡的问题。而且，对享受政策优惠的农村学生，是不是真的"弱势群体孩子"，都提出质疑。笔者以为，这完全是对政策的曲解，没能看到教育公平的真义，甚至是一种"鸡蛋里挑骨头"的偏见。

不可否认的是，城镇化进程给农村教育发展带来了前所未有的挑战。如何让更多的农村孩子享受更高质量更加公平的教育，进而通过

本文发表于《中国教育报》2018年5月7日。

读书改变命运,成了新时期教育制度设计的重要诉求。

在笔者看来,任何政策出台都有一定的价值取向。当前对中西部老、少、边、穷、岛等贫困地区的政策倾斜,让更多的农村孩子有机会享受城市教育,这是实现中国梦的具体表征。高校在招生计划中单设一定名额扶持农村教育,一定程度上实现了教育结果的公平。美国学者罗尔斯在其代表作《正义论》中就提出,一个自由民主的社会应该把维护自由平等的视线,放在社会"最不利群体"上,并作为思考问题的立场和原则。从社会发展角度来看,对农村教育的补偿机制恰恰说明了我国社会的进步。

美国早在20世纪60年代通过的"平权法案",让更多的少数群体有机会获得更多的就业和入学机会。包括哈佛大学、耶鲁大学等在内的世界名校也给予少数群体、农村学子更多的就学机会。虽然也有人提出"逆向歧视"的说法,但从大学文化多元发展的角度,从改变更多弱势群体的角度来说,政策的出发点和落脚点都值得肯定。

当然,从根本上解决城乡教育的均衡问题,有助于更多的农村孩子获得更多的教育机会,这是一种教育的起点和过程公平,同样非常重要。目前,我国正在大力推进义务教育均衡和城乡义务教育一体化,采取多种举措促进教育均衡发展,这和贫困地区专项计划的实施,应该说是并行不悖的关系。

此外,高校招收的农村学生是不是真正的"弱势群体孩子"之疑问,主要是对政策执行效度的一个考虑。从专项计划实施的过程来看,在操作层面要更加注重公开透明,加强监督,真正让更多农村学生获益。

总之,让更多农村孩子实现名校梦,是现阶段高等教育发展的重要政策调适,毫无疑问是值得肯定的。而且,这样一种政策的实施,能够让大学更加开放多元，增进不同群体的文化融合，这也是中国梦的应有之义。

SHI PING XIN SHU | 时评新述

教育具有实现社会阶层流动的功能，对于社会稳定和发展起着非常重要的作用。农村孩子进入名校就读，让更多的农村家庭看到了改变命运的希望，是对"新读书无用论"的有力回击。本文提出，如何让更多农村孩子享受更加公平更高质量的教育，进而通过读书改变命运，成了新阶段教育制度设计的重要诉求。当前，随着新高考改革的推进，在重视教育质量的基础上，也要更加关注教育公平。近年来，农村孩子进入重点高校就读的人数增多有目共睹，但比例总体还是相对偏小，还需进一步加大政策支持力度。

延期毕业，意义不止于就业缓冲

有媒体报道，"大五""研四"的学生如今越来越多。某校新闻学院申请推迟毕业的学生呈逐年递增的趋势，最多的一个班竟有一半学生申请"延期毕业"，其缩写词"延毕"也有大火的趋势。学生该不该申请"延毕"？

笔者以为，无论是为了缓冲大学生就业，探索弹性学制，还是鼓励创新创业，延期毕业都是一种好的探索。但在具体实施过程中，大学也要进行研究论证，让"延毕"真正发挥功效。

的确，大学生的毕业人数逐年增长，到 2016 年，将有 756 万的大学生选择就业，形势不可谓不严峻。在此背景下，适当地选择延长毕业期限，对一些暂时未能找到合适工作的毕业生来说，是一种好的应对之策。但笔者以为，大学生和研究生选择延期毕业，其意义绝不止于就业缓冲，而是大学办学越来越包容、学生求学越来越理性的体现。

众所周知，以往大学生毕业后，不管有没有学好知识，或者是否实现高质量的就业，都纷纷进入人才市场。有些大学甚至催着毕业，让学生早日离开校园，促使一批学生盲目进入社会，或游离在校园附近租房考研，成了另类的"校漂族"。这给社会、学生及其家庭都带来了许多不稳定的因素。若能延期毕业，大学生就能在大学继续学习，为更好进入社会工作或考研，争取更多的机会。据笔者了解，北

本文发表于《中国教育报》2016 年 3 月 23 日。

京一些高校中，就有许多成功的例子，即通过就业缓冲，学生实现了更高质量的就业或争取到了更好的学业深造机会。

　　从办学的角度来说，大学越来越包容和开放，逐渐做到了以学生为本，如允许大学生在校期间选择游学、创业、出国，甚至允许大学生结婚生子。这在以前是不可想象的。如今，越来越多的大学实行弹性学制，这无疑是一个积极信号，未来甚至可能成为一种趋势，会有更多的大学生参与其中。从大学生角度看，延期毕业也是主动把握大学学业、规划职业生涯的选择，真正体现了"我的大学我做主"。

　　事实上，在西方发达国家，大学生延期毕业并不是什么新鲜事。一方面，许多大学实行弹性学制，学生可以选择4年后毕业，也可以在更短或更长的时间毕业。只要提出申请，理由充分，就会获得学校的批准。另一方面，这与大学"宽进严出"的培养制度和鼓励创新创业的文化环境有关系。比如，美国大学有相对较高的学术标准，本科毕业生4年毕业的只有70%左右，学校对人才质量高度负责。同时，大学也鼓励学生休学创业创新。斯坦福大学学生的4年毕业率只有78%，就在于学校环境和文化提倡学生创业，学生一旦有了好的想法可以选择休学创业。毫无疑问，高等教育发达国家的经验做法值得借鉴。

　　当前，国家正在实施"创新驱动发展战略"，积极推进"大众创业万众创新"，高校作为科技研发和人才汇聚的重镇，完全可以有更大的作为。大学生在学有余力的情况下，完全可以参与创业创新活动。倘若有好的创新点和创业机会，延期毕业未必不是好的选择。高校要提供这样的政策支持，并落实为实际行动。

　　无论是为了缓冲大学生就业、探索弹性学制，还是鼓励创新创业，延期毕业都是一种好的探索。但在具体实施过程中，并不意味着所有大学都要一哄而上延长学制，大学也要考虑实际情况，并结合学生的实际需求，进行研究论证，同时务必规范相应的制度和配套措施，让"延毕"真正发挥功效。

时评新述

毕业是学生培养的关键环节，是检验学生的学习情况和学业水平的重要依据。如何看待"延期毕业"这样一种新鲜事物？这需要重新认识就业本身。本文提出，无论是为了缓冲大学生就业、探索弹性学制，还是鼓励创新创业，延期毕业都是一种好的探索。从历史角度来看，我国大学遵循的是"严进宽出"原则，只要进了大学，绝大部分学生都能按时毕业。现在大学开始重视教育质量问题，许多大学生未必能在规定时间内毕业，这本身是提高办学质量的要求；另外，也有些大学生主动选择延期毕业，选择创业或其他有意义的尝试，也不失为一种好的选择。

学历何须"查三代"

时值毕业季,万千学子正走出校园,加入就业大军。其中,有这样一部分硕士生和博士生,他们本科(第一学历)就读的是地方普通本科院校,硕士阶段(第二学历)和博士阶段(第三学历)在"211"或"985"高校求学。由此,他们求职道路上遇到了一个怪现象:学历"查三代"。

应该说,学历"查三代"早就不是新闻,几年前这种风气就已经开始盛行了。许多名校招聘教师甚至辅导员时,都强调第一学历必须是"985"或"211"工程院校。现在,许多非重点院校在招聘时,甚至也列出了这样一条不合理的规矩。这种规矩的制定,其逻辑在于第一学历出自名校的学生一般具有很好的学业基础,而出自一般院校的学生相对就要差一些。另外再有一条,现在毕业生太多了,如无一定的标准或门槛,求职简历初步的筛选都是问题,所以一再加标准、添要求。学历"查三代"恐怕就是招聘人员认为相对科学的标准。在就业大军如潮、简历如山的情况下,这种考量貌似合理。

然而,这样一种规定所导致的结局是,那些都是名校出身的博士或硕士,自然就占了一定的优势,但对那些第一学历非重点名校的人来说,不管你硕士阶段或博士阶段如何努力,有多大的学术成就,第

本文发表于《光明日报》2011年5月31日,标题有改动。

一学历给你一卡,连面试的机会都没有。这种政策或规定所带来的就业歧视和不公正是不言而喻的。更为严重的是,对于人才的选拔、流动和成长而言,其负面效应恐怕也不可估量。

事实上,第一学历非重点院校的学生,起点也许相对较低,但这种不足是可以改变的。比如,一些学生考上名校的硕士或博士后,很珍惜学习机会,也非常用功,而若干年之后的成绩也可以证明,他们并不逊色甚至是后来居上。然而,学历"查三代"恰恰隐含了身份决定论的味道,看不到人是可以进步的,于是无形中制造了社会歧视和不公。

因而,对于学历"查三代"这样的政策歧视,无论从观念上还是从标准设定上,都应该予以摈弃。甚至,对于这种就业歧视,还应该出台相应的政策规定,杜绝这样不合理的招聘倾向,给人们一个公正的就业环境。

SHI PING XIN SHU | 时评新述

学历是学生求学的经历和学习的凭证,所隐含的符号信息,对于就业或多或少会产生一定的影响。本文提出,对于学历"查三代"这样的政策歧视,无论从观念上还是从标准设定上,都应该予以摈弃。这篇文章发表已经整整十年了,也是最早呼吁改变就业歧视的文章之一,经《光明日报》发表后,产生了一定的社会影响。现在从国家层面已经出台了许多政策,要求不得学历"查三代",特别是在教育评价改革总体方案科学导向下,用人单位学历"查三代"的问题一定程度上已得到改观。

保研"唯出身论"不可取

据《中国青年报》报道，在湖北某非"211"大学读大四的鲁某，一直梦想进入一所名校读研。然而，一个电话终结了她的梦想和为实现梦想所作的努力——"抱歉，我们学校不招收非'211'大学的推免生"。事实上，鲁某遇到的情况并非个案。许多非常优秀的大学生，只因就读高校不是"985"或"211"，在保研招生过程中，被某些知名高校无情地拒之门外。笔者以为，保研招生"唯出身论"的做法，显然不可取。

某些知名高校之所以排斥非"985"和"211"高校的推免生，无非两个方面的原因：一是学校决策层否定这部分学生，认为普通院校大学生即便获得了推免资格，但学术基础和潜质仍然较差，很难达到知名高校的学术标准。这样一种判断在有些高校的招生计划中有明确体现。比如，必须是"'985'或'211'高校的学生"。有些高校虽然没有明确规定，却也是约定俗成。一般来说，这种规定是学校学术委员会的集体决策。二是出于个人原因，研招工作人员放弃了这部分学生。由于保研名额属于稀缺资源，一些知名高校并不缺少生源。为了工作便利，工作人员人为将"985"和"211"作为推免招生的基本门槛，初次筛选时就把普通高校的学生过滤掉了。

本文发表于《中国教育报》2015年12月23日。

显然，以上的观点和做法都是不可取的。高校招收优秀生源自然无可厚非，但以是不是来自"985"或"211"高校来判定学生的学术潜质，未免草率。事实上，据有关统计，由于名额极少，从普通高校获得推免保研资格的学生一般只有2%。相形之下，"985"高校的保研率一般为15%。在一定程度上，普通高校竞争更大，只有非常优秀的学生才能脱颖而出，他们的综合能力和素养是有保证的。另一方面，倘若研招人员只为工作方便，人为地放弃了这部分学生，那么，这些工作人员的行为是极其不负责任的。

从国家层面来看，出台保研制度的根本目的，是为了创新人才招生模式，激励在校学生勤奋学习、全面发展，提高研究生选拔质量。从教育部关于推免生招生的规定来看，只要是品学兼优、具有创新精神和学术潜质的大学生，都应有获得推免的资格。不管是来自重点高校，还是普通院校，招生时应该一视同仁。

从高校角度来看，公然以非"985"或"211"高校为由，将普通高校的推免生拒之门外，既违背了公正公平的招生伦理，更是背离了兼容并包的大学精神。大学是社会的风向标，尤其是在我国社会转型期，知名高校更应在推动社会阶层流动、改变贫困孩子命运、推进教育公平方面做好表率。

从学生发展来看，如果在与重点高校学生的同场竞技中败下阵来，可能并无怨言。但是，如果连参与面试的机会都没有，的确让人难以接受。也许，一部分自强自立的学生通过直接考试的途径，最终也获得了名校就读的资格，但相当部分的推免生或许就因为非"985"或"211"的身份，与心仪的高校失之交臂。这的确是不该发生的。

SHI PING XIN SHU | 时评新述

　　学生就读于哪类学校或哪所学校，从考试成绩的角度看有其必然性，但也有偶然性因素。"唯出身论"相当于给学生永久打上了最初的求学印记，以出身论才干，实质上就是一种学历歧视。本文提出，在保研招生中，公然以非"985"或"211"高校为由，将普通高校的推免生拒之门外，既违背了公正公平的招生伦理，更是背离了兼容并包的大学精神。随着高等教育普及化的推进，现在这样一种情况并未发生实质改变。在理解大学研究生招生工作的同时，也期待大学给予所有大学生同等的公平机会。

高质量就业应在办学质量上下功夫

2013年的毕业季号称"史上最难",近700万高校毕业生给学生和高校都带来了巨大压力。近日,西安某高校一名学生通过网络爆料,说该校为了招生效果好,逼着大四的准毕业生签各种虚假就业协议。

事实上,就业率造假、学生"被就业"已经不是什么新闻了。高校如此提升就业率,无非是为了能够宣传办学成绩,以利于招生。作为学生,"被就业"多半是迫于无奈——许多学校明文规定不签协议就不能离校乃至不能毕业。为了拿到毕业证,不少学生通过走关系挂靠到某单位,就算是就业了。在这一过程中,作为弱势一方的学生,其正当利益明显被剥夺了。

高校如此提升就业率,所带来的影响极为有害。一方面,大学为了维持生存,极有可能年复一年地故技重演,而不是把心思放在提升教育教学质量上。另一方面,由于"被就业",学生对学校产生了负面看法,甚至会将负能量带到工作和社会中去。

现在我们看许多高校网站以及统计出来的大学生年度就业报告,动辄90%甚至近100%的就业率,很明显掺了水分。诚然,学生实现就业进而服务社会,是教育培养人的主要目的之一,但是虚假的高就业率显然得不到社会、家长和学生的认可。单纯的就业率不能彰显

本文发表于《光明日报》2013年5月17日,标题有改动。

教学质量，让学生学有所成、学有所用，基本实现对口就业，形成基本稳定的就业，才是我们现在应该提倡的就业理念。

对于促进大学生就业，高校和社会应该互相配合。社会有义务为青年学子提供更多的就业机会，营造更加公平、公正的就业空间；高校则应该在教育教学质量上下功夫，让学生拥有真能力和硬本事，适应时代和社会发展的需要。

在操作层面，教育主管部门不能简单地将就业率作为高校办学成效的唯一或主要指标，更不能以此来决定高校专业设置与否，应该鼓励高校实现更高质量的就业。高校也不能以考评或招生需要来推卸社会责任，应该反思办学理念、专业建设、课程设置、培养模式以及和市场对接，进一步提高人才培养的实用性，提升教育教学质量。

SHI PING XIN SHU | 时评新述

就业是最大的民生，是办好人民满意的教育的直接体现，也是检验一所高校办学水平的重要依据。为了赢得社会声誉，有些高校在就业率上做文章，虚构就业率。本文提出，学生实现就业进而服务社会，是教育培养人的主要目的之一，但是虚假的高就业率显然得不到社会、家长和学生的认可。回过头来看，没有最难就业季，只有更难就业季。对于新冠肺炎疫情期间的大学毕业生，因整体经济形势面临巨大挑战，就业难度可想而知。但即便如此，大学也不应该要虚假的就业率，还是要正视就业的现状，做好日常的教育教学工作，并积极探索大学生就业或创业的新路径。

到基层去，就业天地很宽广

大学生就业，选择在北上广深等一线大城市发展，还是到基层去历练？这是许多大学毕业生都会面临的现实问题。笔者以为，大学毕业生到基层去发展，空间更为宽广。

有调查数据显示，连续5年北京大学、清华大学毕业生留京率在降低。2018年北京大学毕业生留京人数比例只有39.47%，创了近年来的最低值，而清华大学的本科生、硕士研究生和博士研究生留京率分别只有17.3%、39.9%、49.7%，相较往年也在下降。这个现象背后，固然和北京竞争激烈的就业环境和高昂的生活成本有关，但也反映了就业新态势和大学生工作新取向。

诚然，在大城市发展，可能在职业发展方面存在更多选择性，以及未来持续发展的可能性，但是同样面对人才竞争激烈，特别是高房价等生活成本的现实考验。相形之下，到基层去发展，作为大学生的人才资源优势，就很容易发挥出来，而且优惠的就业政策、较低的生活成本，更能静下心来干事创业，更容易在事业上有所建树。

当前，我国的经济产业布局正在发生变化，许多新兴产业都从沿海向内地城市发展，从东部发达地区向西部地区延伸，内地城市、西部地区同样需要一大批高素质人才。相比东部沿海城市，西部内地城

本文发表于《中国教育报》2019年5月3日。

市有着更大的展示才能的舞台。同时，国家近些年正在大力开展扶贫攻坚工作，笔者的切身体会是，除了政策和资金支持外，最重要的还是人才资源。扶贫，重在扶智。这就需要更多有志大学生投身于贫困地区经济社会发展和基层服务中去。

近年来，为了促进大学生顺利就业，从国家到地方层面陆续出台了相应的配套政策。教育部2018年11月就印发了《关于做好2019届全国普通高等学校毕业生就业创业工作的通知》，明确提出，要引导毕业生到基层就业，落实基层就业学费补偿贷款代偿、考研加分等优惠政策。而河南、浙江、江西、广东、陕西、海南等地也都出台相关政策，为大学生提供求职创业补贴、严禁就业歧视、放宽落户条件……相信这一系列政策的出台，能为大学毕业生就业保驾护航。

现在社会上还有一种误区，认为回到基层工作，一开始选择的就是养尊处优的生活。其实，人可以被环境所同化，但反过来同样可以用知识引领当地文化，改变基层社会风貌。许多大学生在基层服务中为我们作出了榜样。多年前，我读过一篇特岗教师的征文，他在文中是这么写的："老禅师信仰的是宗教。那我们的信仰呢？如果有信仰，我们信仰的可不可以说是教育？我们还不知道自己的这种信仰能坚持多久，但我们很愿意用自己年轻的心去尝试，去体会。"至今回想起来，仍是满满的感动。

习近平总书记曾指出，一些青年缺乏基层和艰苦复杂环境的历练，缺少通过改革解决复杂矛盾的实践能力。历史和事实表明，优秀人才，大都具有基层历练的经历。因为身在基层，能够真切地感受我们国家发展中存在的问题和机遇，能够感受人才对于基层发展的重要价值。许多特岗教师、大学生村官，都是在服务基层的过程中，个人能力得到了提升，视野得到了拓展，在实现自我价值的同时，大都也实现了社会价值。时代越是向前，国家越是发展，对人才的需求就越是迫切。基层更是求贤若渴。立足新时代，希望更多的大学毕业生能够有理想、有本领、有担当，在服务基层中锤炼自己，增长才干，用青春和知识书写人生最美的华章。

时评新述

  就业向何处去的问题，既是一个教育问题，也是一个社会问题，更是一个自我价值的选择问题。本文提出，大学毕业生到基层去发展，空间更为宽广。在服务基层的过程中，个人能力得到了提升，视野得到了拓展；在实现自我价值的同时，大都也实现了社会价值。实践也表明，在基层工作的大学生，大都获得实现自我发展、展示才能才干的机会，而与此同时也有越来越多的毕业生逃离一线大城市。就业观的多元，某种程度上也反映了社会的进步。

CHAPTER TWO

政策解读

政策是实践的指南,主动宣传阐释党的教育方针政策,是教育科研工作者特别是教育智库学者的重要使命。本编主要收录了作者发表在《环球时报》《中国教育报》等权威媒体上的25篇阐释解读文章。这些文章阐释了习近平总书记关于教育的重要论述,宣介了国家重要会议有关教育精神,评述了国家和区域教育政策,可为基层一线教育教学实践提供政策依据。

科学思维，把握时代发展方向

习近平总书记在中国政法大学考察时指出，要学会用正确的立场观点方法分析问题，把握历史和时代的发展方向，把握社会生活的主流和支流、现象和本质。这对当代青年认识时代、理解社会提出了更高的要求，那便是要与时代同命运共呼吸，自觉将个人的理想追求融入国家和民族的事业中。

历史机遇需要青年去把握，时代重任需要青年去担当。站在时代奔涌的潮头之上，我们只有心怀历史，眼望未来，才能准确地自我定位。历史唯物主义告诉我们：一个人的发展，必须要与所处的时代和社会背景结合起来，才能更好地实现自我成长。比如，毛泽东同志正是基于他青年时期对中国国情的深入调研，才实践和推进了马克思主义的中国化，进而领导建立了新中国。当代青年，只有清楚地认识所处的时代和社会背景，才能深刻认识和把握人类社会发展的历史必然性，才能准确认识和把握社会发展的规律性，才能更好地书写青春华章。

然而，时代是复杂的，身处"乱花渐欲迷人眼"的现实环境，面对功利主义、自由主义、享乐主义、消费主义等种种经过包装的面孔，青年人难免有"歧路之中又有歧焉"的困惑。在这个探知求学的黄金时期和养成正确世界观、人生观和价值观的关键期，当代青年不能有

本文发表于《中国教育报》2017年5月8日。

丝毫懈怠，稍有不慎，脱离了对时代发展潮流的清醒认识，就极有可能堕落为"精致的利己主义者"或者"空心人"。

学会用正确的立场观点分析问题，达到对时代发展方向和社会生活的正确把握，这是总书记的期待。思维决定出路，视野决定格局，而澄清和抵御一些认识误区的药方就是科学思维。总书记在讲话中对这种科学思维做了进一步延伸，他希望青年养成"历史思维、辩证思维、系统思维、创新思维"的习惯。具体来看，历史思维就是要把任何事情都要放到历史中来看，铭记"明镜所以照形，古事所以知今"的道理，从历史中学习，不忘初心。辩证思维就是看任何事物，要结合事物所处的环境和条件，动态、联系地把握，不能一刀切。系统思维，就是不能片面地、想当然地看问题，不能是一己之见，要综合考虑，统筹把握事物的内在本质。创新思维，就是要用发展的眼光看问题，不固执己见，不墨守成规，要在发展中加深对事物的理解和认识。毫无疑问，科学思维是马克思主义的基本认识论和方法论，应该贯彻落实到我们学习和生活中去。

"学而不思则罔，思而不学则殆。"那么，当代青年如何培养科学思维呢？总书记在讲话中明确提了三个结合，即把学习同思考、观察同思考、实践同思考结合起来。这三个结合，都同时指向了思考，也就是说无论是学习还是观察或者实践，都必须结合自己的思考。这种思考不是表面肤浅的思考，而是历史地、辩证地和系统地去思考。

只有这样，我们才能做到去伪存真，才能在各种表象中把握事物的本质和发展规律。同时他还强调，要保持对新事物的敏锐，要充分发挥青年的创造精神，勇于开拓实践，勇于探索真理。当代青年一定要保持对外界事物的敏锐度和好奇心，审时度势、积极进取、敢于担当，在学习思考和行动实践中养成科学思维，在创新创业中实现人生的自我价值和社会价值。

不逐流俗、不负青春，这是当代青年的选择。那些感动我们青春的历史，那些照耀我们青春的梦想，仍是我们信仰的旋律。青年强则国强，青年是国家的希望、民族的未来。当代大学生务必顺应时代发展潮流，坚持道路自信、理论自信、制度自信和文化自信，努力为实现"两个一百年"奋斗目标和中华民族伟大复兴的中国梦贡献智慧。

SHI PING XIN SHU | 时评新述

习近平总书记关于教育的重要论述，是新时代教育科学发展的根本遵循，是教育科研工作者学习研究宣传阐释的重要内容。应《中国教育报》约稿，以本报评论员身份撰写了这篇学习心得体会文章。对当代青年来说，如何培养科学思维，把握时代方向呢？本文提出要按照总书记在讲话中明确提出的三个结合，即把学习同思考、观察同思考、实践同思考结合起来。不仅是青年大学生，其实每一个教育工作者，都需要树立科学思维，加强学习、观察、反思和力行，做好本职工作，力求专业更好发展。

培育淡泊名利、甘于奉献的高尚情操

近日,习近平总书记对黄大年同志先进事迹作出重要指示,高度评价他的突出贡献和崇高精神,发出了向黄大年同志学习的号召。其中就提到,要学习他淡泊名利、甘于奉献的高尚情操。这充分体现了党中央对黄大年同志这样一种精神的高度肯定,也对我们教育工作者、广大知识分子乃至全国各行各业的人们提出了新的要求。

对于名利的看法,是判定一个人境界高下的一个重要标准。举凡那些淡泊名利、一心奉献给国家和事业的人,更能在干事创业、开拓进取中真正有所作为;而那些汲汲于功名利禄的人,却大多被历史所湮没,甚至沦为人民中的败类。黄大年同志在英国求学工作18年,已经有了很好的研究平台、研究团队、人脉资源和物质条件,但即便这样,在祖国需要和召唤的时候,仍毅然回国。在做这样的取舍的时候,相信黄大年同志首先想到的肯定不是个人名利,而更多的应该是为国奉献。倘若是为名为利,黄大年同志完全可以不回国,或者成为"流动编"的教授。他成为东北地区引进的第一位"千人计划"专家,必然是放下了名利,心中只有报效祖国的一腔热血。

科学是一项求真的工作,也是一项为国家、民族和人民谋长远福利的事业。所谓"为往圣继绝学、为万世开太平",必然需要沉心静

本文发表于《中国教育报》2017年5月30日。

气，踏实工作。这就需要科学家要有淡泊名利、甘于奉献的精神。习近平总书记去年在合肥调研时，在知识分子劳模青年代表座谈会上提出：做研究，就要甘于寂寞，或是皓首穷经，或是扎根实验室，"板凳要坐十年冷，文章不写一句空"。黄大年同志回国后，没有兼任行政职务，排除了行政事务的干扰，投身于科学研究，把自己的精力放在了学术研究和人才培养上，这种境界，其实就是把整个的人、整个的心奉献予科学事业，充分体现了一名顶尖科学家淡泊名利、甘于奉献的精神。

真正的科学家也许并不是不食人间烟火，但内心必然秉承了中国知识分子"为天地立心、为生民立命"的高尚情操。他们醉心的，只是科学上的追求，希望通过科学上的成就，来造福国家和人类。正是因为这样，黄大年同志也赢得了科学界的充分尊重和肯定。他的研究团队，所研究的成果，多次弥补国内空白，缩短了和世界发达国家的距离，甚至许多研究成果已经达到了世界领先水平。据说一次黄大年带队考察，国外的研究机构为了专门接待中国考察团停止工作半个月，不惜成本将处于零下200摄氏度的产品解冻，并拆开让中国考察团仔细观察。足见国外研究同行对这样一位中国科学家的敬重。

黄大年同志这样一种淡泊名利、甘于奉献的精神，不仅科学家要学，海归们要学，而且每一名教育科研工作者都要学。或许当我们还在抱怨工资不高、待遇较差、工作繁杂的时候，还有这么一群科学家、教育科研工作者，不计个人得失，为国家科研事业在坚持奋斗。他们是中国真正的脊梁，是民族的希望。而我们每一个人，无论在什么岗位，只要学习并坚守这样一种淡泊名利、甘于奉献的精神，也同样能在自己岗位上作出应有的贡献。

学习黄大年同志这样一种精神，不仅要体现在思想上，更要落实在行动中。见贤思齐，贵在行动，向科学家致敬的最好态度，就是继承他的这样一种淡泊名利、甘于奉献的精神，在他未竟的事业上，怀着赤子之心，继续前行。我国正处于全面建成小康社会决胜阶段，需要数以千万计的科技人员和知识分子、数以亿万计的劳动者坚守岗位，不断创造，贡献我们每一个人的智慧，凝聚成当今时代的中国最强音。

黄大年同志这样一种淡泊名利、甘于奉献的精神，不仅我们自己要学，作为教育工作者，我们还要把这样一种精神传播开来和传递下去，尤其要从小培育孩子们淡泊名利、甘于奉献的高尚情操。通过我们的言传身教，让这样一种精神在孩子们身上继承延续并发扬光大，为国家富强、民族振兴、人民幸福培育新的希望。

SHI PING XIN SHU | 时评新述

教师是教育发展的第一资源，优秀教师的榜样力量，对于激励教师队伍建设，具有非常重要的影响。笔者深入学习习近平总书记对黄大年同志先进事迹作出的重要批示的指示精神，应约以《中国教育报》本报评论员身份撰写了阐释文章。本文提出，黄大年同志淡泊名利、甘于奉献的精神，不仅我们自己要学，作为教育工作者，我们还要把这样一种精神传播开来和传递下去。令人振奋的是，各地各校积极贯彻落实习近平总书记重要指示，组织开展向黄大年同志学习活动，全国涌现出了一大批"黄大年式"的优秀教师。

新时代社会各界要关心青年成长

习近平总书记在纪念五四运动100周年大会上发表重要讲话指出，各级党委和政府、各级领导干部以及全社会都要充分信任青年、热情关心青年、严格要求青年，关注青年愿望、帮助青年发展、支持青年创业，做青年朋友的知心人、青年工作的热心人、青年群众的引路人。

青年兴则国家兴，青年强则国家强。青年一代有理想、有本领、有担当，国家就有前途，民族就有希望。五四运动时，面对国家和民族生死存亡，一批爱国青年挺身而出，奏响了浩气长存的爱国主义壮歌。100年来，中国青年满怀对祖国和人民的赤子之心，积极投身党领导的革命、建设、改革伟大事业，把最美好的青春献给祖国和人民，谱写了一曲又一曲壮丽的青春之歌。无数历史事实表明，一个国家的繁荣、社会的进步、民族的振兴，归根结底在于是否拥有一批又一批志向远大、忠诚报国的青年。

关心青年成长，是全党的共同政治责任。中国共产党是中国无产阶级的先锋队，也是中国人民和中华民族的先锋队，代表中国先进生产力的发展要求，代表中国先进文化的前进方向，代表中国最广大人民的根本利益。自成立之日起，中国共产党就始终把青年工

本文发表于《中国教育报》2019年5月17日。

作作为一项极为重要的工作。我们党历经百年风雨而始终充满生机活力，一个重要原因就在于党的队伍中始终活跃着怀抱崇高理想、充满奋斗精神的青年人，并源源不断有新的优秀青年加入。

当代中国，我们比历史上任何时期都更接近实现中华民族伟大复兴的宏伟目标，我们也比历史上任何时期都更加渴求人才。这就要求我们站在教育是国之大计、党之大计的高度，把青年一代培养造就成德智体美劳全面发展的社会主义建设者和接班人，培养出一批又一批堪当民族复兴大任的时代新人，党和国家的伟大事业因此才能薪火相传、基业长青。

关心青年成长，是各级领导干部的重要工作。领导干部要做青年的知心人，经常到青年中去，与青年零距离接触、面对面交流，仔细了解他们的思想动态、价值取向、行为方式、生活方式，成为青年愿意讲真话、交真心、诉真情的知心朋友，成为青年的忘年交。青年处于人生道路的起步阶段，在学习、工作、生活方面往往会遇到各种困难和苦恼，领导干部要做关心青年的热心人，多设身处地地为青年着想，尽最大可能地为他们排忧解难，切实为他们的发展和成长提供条件保障。领导干部要做青年的引路人，要坚持关心厚爱和严格要求相统一、尊重规律和积极引领相统一，要看到青年的长处，也要容忍青年的不足，敢于放手让青年在重要领域和重要岗位上攻坚克难、施展才华，在干事创业中实现青年的社会价值和自我价值。

关心青年成长，是全社会的共同事业。当代青年遇到了前所未有的困难和挑战。学业上优质教育资源仍然稀缺，就业竞争激烈程度空前，创业优惠政策配套措施还不尽到位。城市高房价让许多青年财务提前透支。婚恋观念的变化、二孩政策的放开、老龄化社会的到来，相当部分青年面临多重交叉的困境。而以人工智能、机器人为特征的新一轮科技和产业革命的来临，正在影响、改变我们传统的学习、工作和生活方式，青年一代思维和知识必须持续不断更新。今日的青年，就是明日国家富强、民族复兴的重要依靠和中坚，因而，全社会要关注青年所思、所忧、所盼，帮助青年解决好他们在毕业求职、创新创业、社会融入、婚恋交友、老人赡养、子女教育等方面的困惑困扰，努力帮助青年成长成才。

一代人有一代人的艰辛，一代人有一代人的担当。当今青年虽然面临重重挑战，但也恰逢国家盛世，有着大有可为的历史机遇。全党、各级领导干部和全社会要关爱青年，形成支持青年和帮助青年成长成才、干事创业的良好社会氛围，广大青年也要坚定理想，心怀大我，自强不息，脚踏实地，始终把国家富强、民族振兴、人民幸福作为努力方向，用青春铺路，让理想延伸，勇做时代的奋进者、开拓者、奉献者，把个人奋斗融入时代大潮，在决胜全面建成小康社会、开启全面建设社会主义现代化国家新征程中，不断书写最美的青春华章。

SHI PING XIN SHU | 时评新述

青年是党和国家各项事业发展的生力军，是教育着力培养的对象。笔者应《中国教育报》约稿，以本报评论员身份撰写了习近平总书记在纪念五四运动100周年大会上发表重要讲话精神的阐释文章。本文提出，关心青年成长，要成为全党的共同政治责任，各级领导干部的重要工作，全社会的共同事业。党的十九届六中全会明确提出"必须抓好后继有人这个根本大计"。因此，新时代社会各界都要真正关心青年成长。

以绿色发展引领教育风尚

2016年全国教育工作会议指出，以党的十八届五中全会提出的五大发展理念引领未来教育发展，强调"以绿色发展引领教育风尚"，意在解决教育的科学发展、健康发展和可持续发展问题。

绿色发展，是将生态文明建设融入经济、政治、文化、社会建设各方面和全过程的全新发展理念。它强调的是人与自然、人与社会、人与人之间的和谐共生，蕴含的是简约朴素、返璞归真的自然本色，彰显的是风清气正、公平正义的文化环境。以绿色发展引领教育时尚，就是回到教育的本原上去思考教育面临的问题，实现教育和经济社会之间的良性互动，化解内部矛盾，优化外部环境，最终促进教育的健康、和谐与可持续发展。

以绿色发展引领教育风尚，就是要遵循教育教学规律和学生身心发展规律，全面实施素质教育。离开了对教育规律的尊重与研究，无法真正实现教育的目标，也不可能全面实施素质教育。只有按照规律办学、按照规律育人，走绿色发展的道路，用绿色发展理念，让教育立足于生命的原点，教育才可能实现拓展每一个生命的美好愿景。

以绿色发展引领教育风尚，就是要从外延拓展回到内涵建设上来，实现环境育人、文化育人。教育行政部门要大力落实党的教育方

本文发表于《中国教育报》2016年1月20日。

针政策，在保障教育经费投入充足的同时，加强经费的绩效管理，不能让校舍建设变为政绩工程；教育管理者则须树立节俭朴素的办学理念，让教育经费真正用在学校所需和学生必需的开销上，而不是追求外在的奢华。正如教育部部长袁贵仁所言，过去一个时期，我们花了不少时间、精力、财力，建新校区、盖新大楼、买新设备，扩大规模、争取项目，这是必要的。但这些都终究是外延性的，只是提高质量的必要条件。现在我们要把时间、精力和资源更多地用在内涵建设上，实实在在地把质量作为新时期我国教育工作的主题，实现我国教育更高质量、更有效率、更加公平、更可持续的发展。

以绿色发展引领教育风尚，就是要培养师生绿色观念，加强生态文明的教育。绿色发展已经成为中国发展的时代特征。"让山川林木葱郁，让大地遍染绿色，让天空湛蓝清新，让河湖鱼翔浅底……"绿色梦想，不只是国家的、政府的，更是我们每个人的，也有赖于每一个受过良好教育的人去实现。环境问题是全球化难题，生态教育的重要性不言而喻。作为教育者，我们有责任用可持续发展的绿色理念激发学生的责任感和主人翁意识，反对奢侈浪费，崇尚勤俭节约、艰苦朴素，让生活方式和行为规范绿色化。只有受到生态教育的人越来越多，我们生活的环境才能文明起来、美丽起来。

以绿色发展引领教育风尚，就是要实现教育治理体系的"青山绿水"，着力营造风清气正的教育政治生态。《国家中长期教育改革和发展规划纲要（2010—2020年）》颁布实施以来，我国各级各类教育有了快速发展，教育综合改革也在如火如荼推进。但是，与此同时，教育系统一些不正之风，特别是贪污腐败、弄虚作假等问题也污染着教育生态。原本单纯的教书育人活动，由此承受了许多不应有的负荷，最终影响的是孩子的健康成长，是国家的长远发展。在办人民满意的教育、走绿色发展道路、树立尊重规律的教育理念的同时，也要营造风清气正的教育生态，坚持依法治教、依法行政、依法治校，时刻把纪律规定挺在前面，把立德树人放在首位，真正让教育成为守望社会的一方净土，涵养文明的精神"湿地"。

我们应当抱有这样的信心：绿色发展必将使教育呈现出勃勃的绿色生机，必将使教育教学焕发出无限的生命活力。

SHI PING XIN SHU | 时评新述

绿色是新发展理念的重要组成部分，是教育健康、可持续发展的根本遵循。本文提出，以绿色发展引领教育时尚，就是回到教育的本原上去思考教育面临的问题，遵循教育教学规律和学生身心发展规律，从外延拓展回到内涵建设上来，培养师生绿色观念，营造教育治理体系的"青山绿水"。实践证明，教育遵循绿色发展理念，符合教育基本规律，符合我国教育发展实际。从教育现状来看，目前许多地区、学校都在贯彻落实绿色发展理念，探索构建绿色评价体系，都取得了很好的成效。

"记得住乡愁"是一个重要的教育命题

日前，中央城镇化工作会议提出，未来城镇化发展要"依托现有山水脉络等独特风光，让城市融入大自然，让居民望得见山、看得见水、记得住乡愁"。这并不只是一个诗意的修辞，更是新的发展理念。其中至少有这样两层含义：一是要因地制宜，即发展应与自然环境相契合；二是要诗意栖居，即有文化传承和精神归依。

笔者以为，这两层含义的落实，都与教育密切相关，需要教育工作者认真思考本身的责任。伴随城镇化的推进，我国教育发生了天翻地覆的变化。很多的农村学校被撤并，更多的城镇新学校应运而建，数以千万计的农村孩子跟随父母到城市上学。可以说，进城务工人员子女，也包括城镇的学生，如何在城镇化的进程中让他们能够"望得见山、看得见水、记得住乡愁"，就成了这个时代我们教育工作者不可回避的重要命题。

时下，越来越多的学校在讲"特色品牌"，但真正让人耳目为之一新的学校屈指可数。不少学校打着"某某教育"的标语，实则一脉相承的教育理念和人文精神，以及学校发展内在的一致性，却极为稀缺。越来越多的校长在谈"教育理想"，但很多人对"办什么样的学校""培养什么样的人"这些根本性的问题没有清晰思考，甚至为了在

本文发表于《人民教育》2014年第3期。

办学中打上自己的烙印，人为地隔断学校办学历史。越来越多的教师在做"专业提升"，但为数不少的教师只是疲于应付。教师素养整体上得到提升，但职业倦怠现象频频发生，师德问题常被舆论推到风口浪尖。

学校有特色，校长有理想，教师更专业，这应该是城镇化进程中现代学校的追求。但除了这些，似乎还缺少了点什么。

遥想20世纪80年代笔者接受的农村教育，现代学校无论硬件和软件都是天壤之别。彼时的学习条件艰苦，但即便在煤油灯下，学生也可安心学习；在昏暗的教室里，教师也能幸福地工作。这么多年过去了，依然忘记不了那时学校组织的野炊，山路边野花的芬芳，以及师生返校归途中那一串串的欢声笑语。这些永久在记忆里定格，并不断呈现，成为一生的滋养。

教育不能丢了"乡愁"。为什么我们的办学条件好了，校长管理水平、教师教学能力都已提升了，我们的教育幸福感却渐行渐远了呢？原因就在于，很多学校没有因地制宜办出特色，教育者眼中只有成绩、分数，而没有人。

与城镇化相适应，近年来教育部门正通过撤点并校，实施布局调整。但需要注意的是，不一定要把乡镇学校办得和城市学校一样，还要尊重其教育传统，尊重农村师生的生活经验，凸显乡土教育特色。

不仅如此，这一城镇化建设新理念，实际上和教育精神有着内在的契合。近年来，由于学校担心出行安全问题，学生们游山玩水的机会少了，难以真正亲近大自然；为了考试成绩，教师们和学生把大量的精力投入到题海中去，远离了生活。而对文化命脉源头的探究，对人类社会发展的去处，对人生幸福和存在价值的终极追问，却成了教育中的奢侈品。

笔者认识这么一位可敬的高中语文老师，尽管升学压力很大，但是他为了让孩子们记得住"乡愁"，专门开了一门"文学与建筑"的选修课程，带领学生遍访当地各具特色的古桥和村落。一起欣赏美、感悟美、记录美，并把学生历次的摄影作品、文章结集，图文并茂，诗意盎然。这就是一种"记得住乡愁"的教育。

说到底，教育要发挥在城镇化进程中应有的作用，因地制宜办出特色；同时应该遵循教育的基本法则和孩子成长规律，让教育回归自然，贴近生活，让教师和学生在教育中"诗意地栖居"。

SHI PING XIN SHU | 时评新述

教育的乡愁，既是对教育本质的追问，也是灵魂层面的呼唤。本文提出，如何在城镇化的进程中让学生能够"望得见山、看得见水、记得住乡愁"，就成了新时代教育工作者不可回避的重要命题。在现实的教育教学中，仍然有些学校把孩子"圈养"起来，有些学校甚至为了考试成绩，实行"军事化"或"半军事化"管理。既违背了教育的基本规律，也悖离了人的发展本身。因此，守望教育乡愁，回归教育本质，就显得尤为重要而迫切。

健全立德树人系统化落实机制

近日，中共中央办公厅、国务院办公厅印发《关于深化教育体制机制改革的意见》（以下简称《意见》），其中针对学生德育工作，提出了健全立德树人系统化落实机制。

近年来，我国学校德育工作整体上取得了许多新进展；但仍面临大中小幼德育体系衔接不畅、德育教学内容不新、教学方式创新力度不大、学校家庭社会协同育人程度不高等难题。

德育教学和德育工作，我国学校都在开展，大中小幼不同学段都有各自的德育体系。但最大的问题在于，德育体系缺乏整体规划，教学目标、内容存在不同程度的重复，德育目标基本一样，小学教过的内容，中学和大学还在教，很容易让学生产生学习上的疲劳，影响教学效能。同时，德育教学针对性也不强，没有随着学生年龄的增长，做到差异化教学。此外，作为德育学习的核心，社会主义核心价值观尚未能有机融入大中小幼德育体系中去，许多学生对社会主义核心价值观的认知，没能及时有效转化为道德品质和行为。为此，《意见》有针对性地提出：构建以社会主义核心价值观为引领的大中小幼一体化德育体系，针对不同年龄段学生，科学定位德育目标，合理设计德育内容、途径、方法，使德育层层深入、有机衔接，推进社会主义

本文发表于《中国教育报》2017年9月29日。

核心价值观内化于心、外化于行。

学校德育要坚持正确的方向引领，但内容不是固定不变，必须不断丰富学习内容，做到与时俱进。当前，学校德育教学和工作成效不佳，非常重要的原因之一，在于理想信念还不够坚定。倘若教师理想信念都不坚定，又如何引导学生去相信呢？同时，对以爱国主义为核心的民族精神和传统文化，缺乏深层次挖掘，继承做得也不够，特别是对我国改革创新的时代精神，德育教学中没有很好地吸收。为此，《意见》提出：一是深入开展理想信念教育，引导学生坚定拥护中国共产党领导，树立中国特色社会主义共同理想，增强中国特色社会主义道路自信、理论自信、制度自信、文化自信。二是深入开展以爱国主义为核心的民族精神和以改革创新为核心的时代精神教育、道德教育、社会责任教育、法治教育，加强中华优秀传统文化和革命文化、社会主义先进文化教育。

德育教学和德育工作成效不好，很大程度上在于日常工作中把德育教学和工作孤立开来，没能做到全员、全过程和全方位育人。有人认为德育只是德育教师和党委书记、分管副校长、班主任或辅导员的事，其他课程教师主要是负责各自学科教学。同时，方法上也比较陈旧，手段单一，有些是因为客观上班额太大，没法开展，还有些是因为教师不愿费精力、动心思采用新的方式方法，仍停留在以说教为主。另外，许多学校对德育教学重视不够，也很少动员家长力量和挖掘社会资源，实现学校、家庭和社会的共育。

针对上述情况，《意见》提出：一是充分发掘各门课程中的德育内涵，加强德育课程、思政课程建设。二是创新思想政治教育方式方法，注重理论与实践相结合、育德与育心相结合、课内与课外相结合、线上与线下相结合、解决思想问题与解决实际问题相结合。三是用好自然资源、红色资源、文化资源体育资源等方面的育人功能，发挥英雄模范人物、名师大家、学术带头人等的示范引领作用，挖掘校史、校风、校训、校歌的教育作用，充分发挥学校党、共青团、少先队组织的育人功能。四是加强学校教育、家庭教育、社会教育的有机结合，构建共同育人的格局。

立德树人是教育的根本任务，德育是教育的重中之重。《意见》提出健全立德树人系统化落实机制，为学校德育教学和工作指明了方向，有助于破解学校德育的发展困境和难题。政策出台是先导，思想重视是根本，抓好落实是关键，期待全社会都能真正重视学生德育工作，形成合力，共同落实好立德树人的新精神和新要求，切实提升德育工作成效。

SHI PING XIN SHU | 时评新述

落实立德树人根本任务，德育工作是学校的首要和核心工作，直接决定着能否培养合格的社会主义建设者和接班人。本文提出学校德育要坚持正确的方向引领，但内容不是固定不变的，必须不断丰富学习内容，做到与时俱进，通过全员、全过程和全方位育人，提高教育成效。《意见》出台后，大中小学都加强了思想政治教育工作，立德树人教育体系进一步完善，学生的德育认知和实践水平都有了显著提高。

充分发挥新时代劳动教育的德育功能

党的十八大以来，习近平总书记多次就劳动教育作出重要指示批示。在2018年全国教育大会上，他明确提出"要努力构建德智体美劳全面培养的教育体系"，并指出"要在学生中弘扬劳动精神，教育引导学生崇尚劳动、尊重劳动，懂得劳动最光荣、劳动最崇高、劳动最伟大、劳动最美丽的道理，长大后能够辛勤劳动、诚实劳动、创造性劳动"。习近平总书记关于劳动教育的重要论述，充分肯定了劳动教育对学生德性养成的重大意义。那么，如何深刻理解并切实发挥好新时代劳动教育蕴含的德育价值，真正实现"以劳树德、以德树人"，是非常值得深入探讨的议题。

新时代劳动教育继承发扬了马克思"教育与生产劳动相结合"教育思想，体现了社会主义教育的本质特征。新时代加强劳动教育，必须回归马克思教育思想的逻辑起点，从根本上理解"教劳结合"的深刻内涵，明确劳动感受性、劳动主体性、劳动交互性、劳动创造性的思想命脉，从而真正把握新时代劳动教育对现实个人、自然世界与人类社会的真切关怀。这也是新时代劳动教育中的德育价值所在。由此才能在理论上着力构建社会主义教育新形态，在实践上不断与时俱进，适应好经济社会发展的新需求，承担起培养德智体美劳全面发展

本文发表于《中国德育》2020年第11期。

的社会主义建设者和接班人、培养担当民族复兴大任时代新人的历史使命。

相当长时期以来，我国学校教育普遍存在着"长于智、疏于德、弱于体、少于美、缺于劳"的现象，劳动教育在教育实践中长期被淡化、弱化，甚至异化。更为严重的是，除了学生不想劳动、不会劳动乐于坐享其外，不珍惜劳动成果、不尊敬劳动者的现象也屡见不鲜。因此，加强劳动教育特别是发挥劳动教育的德育功能，刻不容缓。

纵观劳动教育的历史演变，不难发现，劳动教育具有较强的改造性、现实性与时代性。早期的劳动教育，侧重于技能培养，与工农业生产劳动直接挂钩。随后逐渐转向能力培养，如创造性活动中的创新能力，同时更重要的是加强了道德培育，包括劳动态度、劳动品德、劳动价值观等。由此可见，劳动教育促使个体在劳动实践中完成经验积累与知识转化，形成特有的心智模式与思维方式，在促进品德发展、价值培育中具有不可替代的作用。同时，它和德智体美"四育"又紧密联系在一起，具有以劳树德、以劳增智、以劳健体、以劳育美的功能，进而促进人的全面发展。

笔者以为，新时代劳动教育最重要的目的，就在于培养学生的劳动教育观，这也是劳动教育德育功能的集中体现。具体来说，新时代劳动教育不是仅仅教给学生一门技能或技术，而是培养学生的实践技能、独立生活能力、发现与欣赏美的能力，热爱劳动、尊重劳动人民、爱惜劳动成果的精神，以及吃苦耐劳、勇于创新的品质。这些能力和品质的养成，远远超过了一般意义上的考试成绩和分数，真正是为学生的健康成长、终生幸福奠基。

发挥新时代劳动教育的德育功能，科学的理念是先导。新时代劳动教育的本质不是让学生去干活，也不是走秀、走过场，更不能演变成为惩罚学生的方式,而是要通过劳动教育真正去育人。学校要围绕劳动教育的价值内核与时代精神,认真学习领会习近平总书记关于劳动教育的重要论述,准确把握新时代劳动教育的精神实质、科学内涵和核心要义,引导学生牢固树立劳动最光荣、劳动最崇高、劳动最伟大、劳动最美丽的观念,进而转化为生动的劳动教育实践。

发挥新时代劳动教育的德育功能,完备的课程是基础。新时代劳动教育课程体系的健全完善,必须坚持以马克思主义劳动观为指导,渗透新时代劳动教育精神。同时,学校可依据校情、学情因地制宜开发各具特色的校本课程,并依据不同学段学生的特点,设计阶段化、层次化的课程体系,探索兼具思想性、系统性、趣味性、实践性的劳动教育课程,引导学生在多样化、情境化、真实化的劳动实践中感知劳动魅力。此外,学校还要发挥隐性课程的作用,包括校园文化的建设,在学生成长环境中形成一种崇尚劳动、热爱劳动的良好氛围。

发挥新时代劳动教育的德育功能,优秀的师资是关键。促进新时代劳动教育进校园、进课程、进教室,离不开一支专业素质过硬、拥有新时代劳动教育理念的教师队伍。各级各类学校应将劳动教育纳入教师培训内容中,开展全员培训,通过灵活多样的方式,如参观学习劳动教育模范学校、进行劳动模范校园培训等,强化教师在实践中学习与体悟劳动教育的本身就是生存教育、实践教育、创造教育、幸福教育、全人教育的属性,引导教师劳动观念的转变,并做到言传身教、身体力行。同时,学校还可以聘请劳动模范、科学家、企业家等担任学校劳动教育兼职教师,发挥榜样的引领示范作用,不断充实学校劳动教育师资队伍。

发挥新时代劳动教育的德育功能，家校社协同是支撑。新时代劳动教育的开展，学校是主体，但是离不开家庭和社会的支持。只有家长理解、社会支持，劳动教育贯穿在真实的家庭、校园与社会生活中，关照到个人生活与集体生活的方方面面，才能使学生在不同类型场域的自我管理、多方协作中感知劳动的魅力，体悟勤俭美德、工匠精神、劳模精神的养分，培育其热爱劳动、吃苦耐劳的精神，形成尊重劳动人民、珍惜劳动成果的优良品质，并学会运用所学的知识在当前数字化时代的教育实践中发挥才能，进行创造性劳动。

发挥新时代劳动教育的德育功能，科学的评价是保障。有什么样的教育评价，就会有什么样的教育实践。劳动教育德育功能的发挥，评价起着至关重要的导向作用。今年3月《中共中央 国务院关于全面加强新时代大中小学劳动教育的意见》出台，强化了对各级政府及相关部门、中小学的督导；10月《中共中央 国务院深化新时代教育评价改革总体方案》印发，明确提出要加强劳动教育评价，将参与劳动教育课程学习和实践情况纳入学生综合素质档案中。这两个国家最高规格文件的规定，为健全完善新时代劳动教育评价制度提供了政策依据。各地各校在制订落实细则时，应将劳动教育的德育元素细化为指标，纳入考评中去，切实确保劳动教育德育功能的落实。

当前，以互联网、大数据、人工智能、量子信息为代表的新一轮技术革命正极大地改变着人们的日常生活与思维方式，劳动形态正在不断演变。劳动教育怎样超越将劳动单纯视为技能训练的认知局限，更加注重创造性思维、复杂性思维、问题解决能力和系统方法论的培养，从而真正实现手脑并用、身心合一，使人在教育实践中自觉认识到劳动是个体寻求、彰显与实现生活意义的过程，是信息时代、人工智能时代劳动教育促进个体自由全面发展的可为空间，也是可以实现的时代机遇。

SHI PING XIN SHU | 时评新述

　　劳动教育是学生全面发展的重要组成部分，对立德树人具有重要作用。那么，如何发挥劳动教育对德育的正向促进作用呢？本文提出，新时代劳动教育最重要的目的，就在于培养学生的劳动教育观，这是劳动教育德育功能的集中体现。发挥新时代劳动教育的德育功能，科学的理念是先导，完备的课程是基础，优秀的师资是关键，家校社协同是支撑，科学的评价是保障。随着《中共中央　国务院关于全面加强新时代大中小学劳动教育的意见》的出台以及各地实施方案的印发，学校重视劳动教育，孩子们热爱劳动、珍惜劳动成果的良好氛围正在形成。

深刻理解教师轮岗背后的深意

近期北京发布的大规模、常态化教师轮岗政策，引起了广泛关注。客观而言，教师轮岗涉及面广，推行起来有难度。教师该如何去看待，全社会应站在什么立场去思考其意义，很大程度上影响着政策的实施效果。笔者认为，社会各界特别是中小学教师群体，应该深刻理解教师轮岗背后的重大意义，切实增强对教师轮岗政策的情感认同和理性认同。

要深刻理解教师轮岗的重大政治意义。从党和国家层面来看，教育首先是一个政治问题。"教育是国之大计、党之大计"的重要论断，为我们开展各项教育工作指明了方向。作为一项教师人事方面的制度安排，教师轮岗具有一定的复杂性。教师对轮岗未知的担忧，情理上可以理解。但是，我们也要认识到，推行教师轮岗制度，逻辑起点是在推动教育均衡上有更大作为，实现义务教育资源的均等化配置，让所有的孩子同在蓝天下共享优质教育，让学校之间差距逐渐缩小，让学区内、区域内乃至全市范围内的学校办学质量趋向优质均衡，最终从整体上提高学校的教育质量，从根本上提高教育的活力和竞争力。如果从这一角度来看待教师轮岗，便能看到该制度对于我国基础教育的诸多积极意义。而在教师理解、全社会支持的背景之下，教师轮岗制度有望进一步做实做好。

本文发表于《中国教育报》2021年9月1日。

要深刻理解教师轮岗的重大历史意义。社会存在决定社会意识，可以说，教师轮岗也是由社会存在所决定的，是我国教育事业发展到一定阶段的必然要求。自改革开放以来，我国经济社会日新月异，取得了举世瞩目的成就，教育改革方面的成绩也是有目共睹。对于教师队伍管理，不可能总是一成不变，再用计划经济时代的教师管理办法来办今日的教育，这样很可能滞后于教育的发展和时代的要求。同时，教师轮岗并不是新生事物，在全国各地早已有所探索，并积累了一定经验。上海、深圳、江苏常州等地曾先后进行过探索。但之前各地教师轮岗的制度并没有真正坚持和推行下去，这和当地教育主管部门的执行力度有关。而北京市推出的新一轮教师轮岗，无论从力度、广度还是深度上来看，都将产生更深远的影响，相信会逐步被广大教师所接受，并成为引领我国教育发生"蝶变"的关键一招。

要深刻理解教师轮岗的重大教育意义。当前我国教育总体水平已经居于世界中上行列，一些指标甚至已经超过了发达国家平均水平。但从整体上看，我国还只是教育大国，并不是教育强国。为此，党的十九届五中全会提出要构建高质量教育体系，"十四五"规划纲要提出要构建优质均衡的基本公共教育服务体系。教育公平始终是社会发展的"稳定器"，也是我国制定教育政策的一条重要主线。中小学特别是义务教育阶段教育，大班额、学业负担、择校热等问题，是社会长期关注和诟病的焦点。从教育改革角度看，好改的都已经改了，不好改的往往面临一些体制上的障碍，教师轮岗就是其中之一。从本质上看，义务教育择校，最重要的是选择教师。可以说，教师轮岗被人民群众赋予较高的期望。因此，教师轮岗对于推进教育公平的意义不言而喻。特别是"双减"政策发布后，校内作为教育的主阵地，教师轮岗从一定程度上成为推进教育公平的重要方式。再者，从年轻教师自身发展来说，必要的轮岗和交流对于他们的专业发展和个人成长，对于缓解处于职业"高原期"教师的职业倦怠感，也是有所助益的。

对于教师轮岗，广大教师既要坚定育人初心，更要心怀"国之大者"，要从政治高度去看待。要从教育综合改革的立场去审视教育，做到淡泊名利，潜心育人，为让更多孩子接受更加公平更高质量的教育，为推进构建高质量教育体系、加快建成教育强国作出应有的贡献。

SHI PING XIN SHU | 时评新述

教师轮岗对于推进教育公平具有非常重要的作用。2021年8月底，北京市教委提出将大比例促进干部教师轮岗交流。《中国教育报》及时策划了系列文章，本文是该系列文章的开篇之作。文章发表后，产生了一定的社会影响，并被评为9月1日《中国教育报》唯一的一篇好稿，认为"言辞恳切，分析中肯，言之有理有据"。客观来看，以教师轮岗推动解决当前教育发展不平衡问题，确是政策所需、民心所向。

推动家庭教育立法应由国家主导

近日,全国妇联举行了家庭教育立法课题研讨会,会上透露有关方面正在积极推动家庭教育立法,立法建议稿预计年内出台。并有专家指出,在现代家庭教育中国家不应缺席,应将家庭教育纳入国家公共服务范畴。

笔者以为,在国家现代化和教育现代化的宏观背景下,在教育综合改革的进程中,推动家庭教育立法,已是民心所向,大势所趋。而且,国家(政府)在家庭教育发展中,应起到主导性作用。

其实,我们不难发现,学校教育中折射出来的种种问题,许多根源就在于家庭教育的缺位或错位。毫无疑问,父母是孩子的首任教师,他们的言谈举止,对孩子的成长有奠基性的作用,甚至会影响孩子一生。在现实中,不少家长因为各种缘由,把孩子的教育全部推给学校和老师。这是不符合教育规律和孩子成长规律的。

当前,我们谈教育综合改革,改革对象不仅是学校教育,也包括社会教育和家庭教育,三者是一个整体。那么,家庭教育究竟该如何与学校教育、社会教育一道,共同促进孩子的成长?这有两个层面的问题需要考虑:一是要确保家庭教育顺利开展,不能失位;二是要保证家庭教育科学实施,不能失范。而解决上述两个问题,最行之有效

本文发表于《中国教育报》2014年6月25日。

的，就是通过立法解决。不仅保障家庭教育的开展，而且确保家庭教育实施是科学的。

从我国传统来看，家庭教育对过去几千年社会发展起到了非常重要的作用，不同时期许多家族都形成了自己的家训，比如《颜氏家训》《朱子家训》等。这些家训对孩子成长影响深远，甚至形成了家族特有的品质。但随着社会的发展，传统集体家庭模式已经解体，单个核心家庭成为社会的主流，甚至单亲家庭也逐渐增多。那么，现代家庭教育如何开展，就成了新的课题。

在这样一种社会背景下，我们谈家庭教育立法，除了督促父母之外，国家在家庭教育体系中，也要扮演极其重要的角色。首先，国家应是理论方法的指导者，通过组织专家广泛调查，集中研究，为家庭教育提供科学理论和可操作的途径方法；其次，国家应是经费、平台的支持者，不仅要提供家庭教育专项经费，而且要通过社区、学校组织相关的家庭教育辅导和咨询，搭建相应的网站和网上交流平台；最后，国家还应是家庭教育的监督者，通过成立社区或学校家庭教育委员会等形式，对家庭教育进行监督，尤其对家庭教育缺位或错位的家庭，委员会有责任要求孩子父母履行相应的义务。

事实上，从世界范围来看，家庭教育的价值受到了越来越多国家和地区的重视。比如日本 2006 年修订了《教育基本法》，将家庭教育纳入教育系统，从法律上规定了国家（政府）对家庭教育（在家庭教育指导方面）的责任。此外，美国、英国、西班牙等发达国家也都强调了家庭教育的国家作用。由此可见，家庭教育的价值和国家在家庭教育中的作用，已是世界共识。

总之，家庭教育作为现代教育体系的重要组成部分，与学校教育、社会教育共同促进学生的健康成长。当前，推动家庭教育立法，明确国家的责任，既凸显了家庭教育的重要价值，也反映了社会发展的迫切需求。利在当代，功在千秋。

SHI PING XIN SHU｜时评新述

习近平总书记多次强调家庭教育的重要性，理论界也聚焦家庭教育以及家校合作开展了深入的研究。在家庭教育越来越重要的形势下，加强家庭教育立法工作迫在眉睫。本文提出，在国家现代化和教育现代化的宏观背景下，推动家庭教育立法，已是大势所趋，而且国家在家庭教育发展中，应起到主导性作用。2021年10月，《中华人民共和国家庭教育促进法》由第十三届全国人民代表大会常委会第三十一次会议通过，意味着广受关注、期待已久的家庭教育立法终于实现。

学生减负正在稳步推进

日前，我国浙江、黑龙江两地相继出台了小学和中小学推迟时间到校上课的新政，引起社会各界的广泛关注。笔者以为，从促进中小学生身心健康、减轻学业负担、提高教育质量等角度来看，这项举措值得肯定和鼓励。

长期以来，我国中小学学生学业负担居高不下，其中学习时间无疑是衡量课业负担的关键指标之一。虽然我国在 2009 年和 2012 年参与经合组织的两次 PISA（国际学生评估项目）测试中，上海学生都获得了世界第一，引起欧美国家的高度重视。但令人遗憾的是，上海还获得另一个世界第一：课业负担最重。上海学生每周作业时间平均为 13.8 小时，高于经合组织国家平均的 7 小时。学业时间长，到校上课早是课业负担沉重的重要的表征，这直接导致中小学生睡眠不足，不利于孩子身心健康，进而影响到教育教学质量。

应该说，中小学推迟到校上课时间，符合孩子们的年龄特征，也遵循了学生成长规律。几年前，笔者曾就这一议题，和相关专家和政策制定者做过交流，他们大都认可这样一种建议。但也有人认为，中小学推迟上课是一个系统工程。比如说，对城市的家长来说，推迟上学后，如果家长单位上班时间没能作出调整，谁早上来送孩

本文发表于《环球时报》2018 年 3 月 1 日。

子呢？这是一个摆在人们面前的现实问题。在这项政策出台后，笔者对浙江的教师做过一些初步调研，对于学生推迟上课的新政，有一些校长、教师坦承有新的困惑和顾虑。比如学校相关教学和管理制度需要重新安排，特殊群体家庭孩子的接送等问题可能在一段时期内还会非常突出。

针对一线教师和校长所担心的问题，笔者对两个省的政策文本进行了学习和研究。总体看，这次浙江和黑龙江两地的改革政策，从政策制定和出台来说，应该说遵循了科学决策程序，前期两地都做了深入调查分析，听取了学校、家长、专家等不同层面的意见建议，并对学校内部的教学管理、课程管理、安全保障等方面都做了应有的制度安排。浙江在此次新政的实施过程中，还突出了因地制宜、差别实施的原则，特别是对少数群体家庭的孩子也有相应的安排。同时还将相应的权力下放到学校，要求进一步调查实际情况并制订落实方案，真正让改革新政落地。

笔者以为，任何一项政策的出台，应该是要把握主要矛盾，破解急需解决的问题，但很难说有尽善尽美的制度安排，同时也不能奢求一项政策就解决教育改革中的所有问题。对于中小学推迟到校上课时间，笔者认为应该坚持试点先行，积极推进，并尽可能考虑少数群体的特殊情况，切不可"一刀切"。但与此同时，我们不能因为新政策可能存在的问题和争议，而拒绝制度创新，停步不前。

对于中小学推迟到校上课时间的新政，在教育界积极改革的同时，笔者也希望获得社会各界的认同和支持，共同营造良好的改革氛围。在两地试点取得成效的基础上，也期待这项改革能够逐步在全国推广，让更多的中小学生能够受益。

SHI PING XIN SHU | 时评新述

  合理的学业负担，是促进学生成长、学业发展的必然要求。然而，长期以来的过重学业负担，让学生身心健康受到了严重影响，导致了教育的异化。本文提出，中小学推迟时间到校上课的新政，从促进中小学生身心健康、减轻学业负担、提高教育质量等角度来看，值得肯定和鼓励。2021年7月，中共中央办公厅、国务院办公厅印发《关于进一步减轻义务教育阶段学生作业负担和校外培训负担的意见》，进一步加快了学生减负的步伐，并在很短时间内取得了显著成效。

"减负"很复杂,理性不可少

2020年人民网全国两会调查结果出炉。截至5月17日,在网民投票选出的10个最关心的两会热词中,"教育现代化"列第四位。作为民生的热点之一,"教育"已经连续三年位列热词前五。而在备受关注的教育改革举措方面,"中小学生课业'减负'"再次成为投票最高的选项。

中小学生课业"减负"再次成为得票最高的选项,反映了这个话题依然是人民群众最为关心的问题,也说明了中小学生课业"减负"工作仍然存在改进空间。问题是工作的动力,但前提是要对问题有科学的认识。那么,如何全面、科学认识中小学生课业"减负"问题呢?

首先,要充分认识中小学生课业"减负"是一个与人民群众利益密切相关的问题。从参与调研的网民的投票情况来看,不难看出多数群体对中小学生课业"减负"有着深刻的印象。从另外前几项靠前的选项来看,有19%的网民关注"学校思想政治理论课改革创新",19%的网民关注"规范校外线上培训",17%的网民关注"减轻中小学生教师负担"。这三项总体来看,受众群体或利益相关群体相对要少。相比之下,全国在校中小学生1.5亿,占全部学历教育在校学生

本文发表于《中国教育报》2020年5月21日。

的一半还多，背后是至少 3 亿的庞大家长群体。

不过，我们也要理性认识中小学生课业"减负"的真实性和客观性问题。我们讲中小学生课业"减负"，有一个预设的基本前提，就是中小学生课业负担重。从对义务教育学生的调研或监测数据来看，我国中小学生的学习时间长度、近视率整体高于世界平均水平，这从一个维度证明了我国中小学生课业负担重的问题。但学习时间长，也可能和教学效率低、教学方式落后和学习方式不当有关，而近视率也与不正确学习方式、生活方式，与孩子过度使用手机、平板电脑，看电视、打游戏有关系。同时，中小学生课业负担轻重还是一种个人主观感受。中国教育科学研究院"小学生课业负担及其影响因素"课题组对全国小学生课业负担做了调研，调查显示，85% 左右的小学生认为课业负担并不重。这在一定程度上，反映了我们家长的认知和孩子的感受并不完全一样。

要辩证对待不同群体课业"减负"问题。近年来，教育主管部门对于中小学生课业"减负"问题予以了高度重视，总体上要求对中小学生进一步"减负"，多次出台中小学生减负规定或意见，在考试评价、教学大纲、课程设计、课堂教学、教学方法、教学手段以及校外培训等方面都做了明确的规定，切实推动解决中小学生课业"负担"重的问题。在此基础上，对于不同群体也应区别看待。对于学习成绩好、学有余力的学生，应该适量"增负"，进一步增加学习难度、深度和广度；对于学习有困难的学生，就要适当引导"减负"，遵循最近发展区原则，促进孩子身心健康和快乐成长。

总之，对于中小学生课业"减负"问题，既要听取人民群众的心声，重视广大网民的意见建议，也要科学、辩证地认识和对待，积极引导全社会和广大家长树立科学的教育观、成才观和质量观，推动学校因材施教，寓乐于教，努力让每一名学生都接受适合的教育，让每一个孩子的人生都有出彩的机会。

时评新述

教育的目的是为了学生健康快乐成长，培养德智体美劳全面发展的社会主义建设者和接班人。教育的日益"内卷化"，导致学生的负担越来越重，成为人民群众最为关心的问题之一。本文提出，要理性认识中小学生课业"减负"的真实性和客观性问题，既要真正做到"减负"，但也不能简单地"一刀切"。当前，国家正在大力推进"双减"工作，政策力度之大前所未有，学生学业负担问题取得了阶段性成效，科学育才的良好生态正在逐步形成。

中小学法制教育常态化值得期待

日前，海南省教育厅、司法厅等5部门联合下发了《关于进一步加强海南省青少年学生法制教育的实施意见》。《意见》指出，重点要抓好中小学生的法制教育，保证法制教育时间，中小学要聘用1至2名专任或兼任法制教育课教师。

笔者以为，海南出台加强青少年学生法制教育的实施意见，是对2013年教育部、司法部等5部门联合颁发的《关于进一步加强青少年学生法制教育的若干意见》的具体实施。对于中小学校法制教育常态化具有积极作用，有利于青少年的健康成长。

加强青少年法制教育的主阵地在学校。前不久，安徽省界首市一名13岁少女遭到3名女同学非法拘禁，逼迫她到KTV做"陪唱公主"。这起事件折射出法制教育的缺失。中小学生是国家的未来、民族的希望。加强中小学生法制教育，有利于培养中小学生的法律意识和法制精神，预防未成年人犯罪，增强学生维权意识。同时，这也是贯彻党的教育方针、培养社会主义合格公民的客观要求。可以说，中小学生法制教育作为一项基础性教育工作，具有战略性意义。

然而，从现实情况来看，中小学生法制教育并未真正得到重视。虽然中小学基本上都开设了《思想与社会》《思想品德》《思想政治》

本文发表于《中国教育报》2014年7月22日。

等课程，也涉及了法制教育的常识和内容，但大多停留在说教层面。一些地方也进行了聘请法制副校长的尝试，但因形式单一，且其身份高高在上，深入下去很难。总体来看，中小学法制教育存在认识不足、重视不够、措施不力等问题，师资和课程更是两大软肋。究其原因，法制教育还没有真正成为一项基础性、常态化的教育工作。

由此必然导致中小学法制教育成效低下，主要体现在两个方面：一是未成年人犯罪率近年来呈现上升趋势。这固然有社会环境的诱因，比如城镇化进程导致大批留守儿童正常家庭教育的缺失，电视、网络充斥各种色情暴力内容等，但是学校对法制教育重视不够，教学方式不当，责任也不可推卸。二是未成年人被侵害、伤害的事件也在以不同方式上演，比如交通事故、校园暴力、性侵害等。令人遗憾的是，青少年学生在遭受侵害或伤害之后，很少主动诉诸法律手段去维护自己的正当权益。

因此，中小学法制教育，亟须整体设计和落实。首先，学校要从观念上加以重视，着力打造"平安校园"，为学生们营造一个安全的学习环境；其次，要把法制教育纳入课程体系，丰富完善课程内容，增加一些鲜活的事例，从小事说起，从身边事情说起；再次，法制教育不能停留在说教层面，而是要运用多种方法手段，加入一些具体的教育场景，让学生用心体会，掌握最基本的法律常识；最后，要把法律素养纳入中小学生综合素质评价体系，作为衡量学生发展、教师绩效、学校成效的重要考核指标。除了以上观念、内容、方法、评价的整体构建外，还需加强保障，比如组织领导、师资队伍、活动经费、网络宣传等。

笔者以为，除了学校重视外，还应健全学校、家庭、社会"三位一体"的青少年学生法制教育格局，统筹发挥学校、家庭、社会各方作用，协同推进中小学法制教育常态化发展。

SHI PING XIN SHU | 时评新述

法治是现代社会的鲜明特征，法治思维和法治能力是现代学生的基本素养，也是现代教育的基本要求。本文提出，中小学生法制教育作为一项基础性教育工作，具有战略性意义，要推进中小学法制教育的常态化。从现实情况来看，学生的法治意识和法治能力整体上还不强。2021年9月，教育部就《中小学法治副校长聘任与管理办法（征求意见稿）》公开征求意见，将进一步加强法治工作。相信中小学法治工作会取得新的进展。

依法治教，教师大有可为

近日，教育部专门召开了学习贯彻十八届四中全会精神的会议，依法治教、依法治校再度成为热点。民族的复兴在教育，教育的关键在教师。作为当代教师，落实依法治国下的依法治教、依法治校，我以为，需要重点从以下三方面做起：

首先，教师当作依法治教的践行者。作为一名人民教师，依法治教是其本职所在。在具体的教书育人中，必须遵守国家教育政策方针以及相应的规定要求，落实为社会主义国家培养建设者和接班人的目标。这是对一名合格教师最起码的要求。毫无疑问，总体上教师队伍的素养要高出普通的社会民众，也能自觉履行国家赋予的使命。但是，从近年来媒体报道来看，每年仍然有极少数教师无视国家法律法规，违背国家教育政策方针，进行性侵、收礼、体罚等，对社会、学校和学生造成了不同程度上的伤害。为此，教育部多次颁布加强师德建设的文件和规定，就是要督促教师依法治教，认真履行自己的责任。教师只有担当起为人师的责任，才能成为人民满意的教师。

其次，教师应做依法治校的监督者。教师作为监督者，是由其知识分子的身份所决定的。教师大多接受过高等教育，应该有自觉

本文发表于《中国教师报》2014年11月12日。

监督学校和教育管理者的责任。在一些地方和学校，确实存在着教育主管部门领导和校长违背教育规律、违反国家教育政策方针的情况。此时，作为教师，有责任加强监督，提出意见和建议。这种责任的担当，应该有两个出发点：一是作为知识分子和人民教师的担当；二是心中始终有学生、有教育的担当。只有广大教师自觉行使监督的权利，才能真正落实依法治校。否则，教师只是单纯做一个执行者，缺少了对教育的反思、批判、监督，依法治校只会沦为一纸空谈。

再次，教师需做依法治国的传播者。教书育人是法律赋予广大教师的神圣使命。虽然许多教师为工作所困，为各种琐事所累，囿于现行教育体制的限制，只能"戴着镣铐跳舞"。但我以为，教师有发挥能力的大舞台，这个重要的舞台，就是班级，就是课堂。教师应当在日常教学中，在日常管理中，渗透法治的思想理念，让学生知法、懂法。我深信，教师今天的作为，将会对整个社会、民族和国家的法治进程带来深远的影响。

SHI PING XIN SHU | 时评新述

教师是教育教学活动的主体，对学生的成长具有重要的影响。在依法治国的时代背景下，依法治教、依法治校是应有之义，教师在依法治教方面作用巨大。本文提出，教师要做依法治教的践行者、依法治校的监督者和依法治国的传播者。本文应《中国教师报》约稿而写，引导广大教师依法治教并刊于当日报纸头版重要的位置。总体上看，教师落实依法治国、依法治校、依法治教的意识和能力仍有待于进一步增强。

领导干部上讲台值得期待

近日,中组部、中宣部、教育部联合下发《关于领导干部上讲台开展思想政治教育的意见》,明确提出:各省领导干部每学期至少上一次讲台。重点是省级领导干部上讲台,要保证高校学生每学期至少听一次地市级以上领导干部的报告或形势与政策课。

三个部门联合发布该意见,笔者以为,一是说明国家对高校思想政治教育的高度重视;二是从侧面反映了目前我国高校思想政治教育的成效还不够;三是在贯彻落实"三严三实"专题教育中,对省市领导干部有了新的要求,并将形成常态化机制,最大限度发挥领导干部的模范榜样作用和教育资源优势。

党的十八大以来,我们确立了"立德树人是教育的根本任务"这一基本命题。在德智体美的全面发展中,德育无疑占有首要位置。但在现实德育的教学中,从中小学到大学,德育的成效均相对缓慢。究其缘由,就在于长期以来,思想政治教育有理论化、抽象化的倾向,内容也存在滞后的问题。因而,如果脱离社会土壤和时代背景,新时期提倡的核心价值观很难让孩子们内化于心、外化于行。因此,创新思想政治教育的体系,不仅具有必要性,也非常迫切。事实上,围绕立德树人,高校也在不断探索新的教学模式,比如邀请大学校长、书

本文发表于《中国教育报》2015 年 8 月 10 日。

记或院士给本科生上思政课，效果就非常好，使传统的思想政治教育焕发了新的活力。

省市主要领导干部，大都具有很高的政治素养和很深的理论根基，更重要的是，他们有着丰富的实践经验，能够高屋建瓴地讲解和剖析当前经济社会发展的热点、难点问题。毫无疑问，他们是非常好的教育资源。虽然之前也有领导干部到高校作报告，但大都是退居二线之后，授课内容相对随意，且覆盖面不全。抛开其他不论，就高校思想政治教育而言，领导干部带头给学生做报告或讲形势与政策课，并形成制度，就是创新思想政治教育的一种重要探索，本身就应值得期待。

领导干部上讲台常态化、制度化之后，需注意的是，省市主要领导带头给大学生讲思政课，要谨防高谈阔论流于形式，也不能成为政策性的文本宣讲说教，否则，高校思想政治教育课又回到了老路。同时，高校也不能唯领导干部是从，而是要起到督促的作用。领导干部一旦上讲台授课，面对大学生，实际上就是教师，显然，学校对教师的督促是非常必要的。

SHI PING XIN SHU | 时评新述

加强教育和社会的联系，拓展教育资源，是现代教育的必然要求。邀请专家特别是领导干部为学生教学，有助于学校课程的丰富和多样。本文提出，请省市主要领导干部上大学讲台讲解和剖析当前经济社会发展的热点、难点问题，是思政课教学的创新。这篇文章刊发之后，《人民日报》（海外版）对该文观点进行了大篇幅的引用，产生了较为广泛的社会影响。随着党对学校思政课的加强，近年来领导干部上讲台已越来越成为一种常态。

学校应急演练要常态化不要形式化

近日,教育部发布了《中小学幼儿园应急疏散演练指南》,内容不仅包括了指南编制依据、意义、范围和原则,还明确了演练准备、实施、总结等不同阶段的细节要领,并对应急演练的次数做了规定,要求中小学校每月至少要开展一次应急疏散演练,幼儿园每季度至少要开展一次应急疏散演练。同时,在校生较多的城镇中小学、农村寄宿制学校要适当增加应急疏散演练的次数。

校园安全一直都是学校工作的重中之重,无论怎样强调都不为过。但是,仅仅停留在思想和意识层面,可能还远远不够。随着《中小学幼儿园应急疏散演练指南》的颁布,学校应急演练更显科学化、有序化和常态化。学校不仅知道应急演练的重要性,而且能够掌握如何有效地进行应急演练,并作为学校的一项常规性工作。

毋庸讳言,从以往的经验来看,校园安全事件频频发生,尤其在一些重大自然灾害面前,少年儿童缺乏应有的安全意识和逃生技能,以至于造成过许多无可挽回的损失。2008年汶川地震时,在4624万受灾人群中,中小学生、幼儿园学生的伤亡数量较大。另外,每年因为火灾、洪涝、台风等自然灾害造成学生伤亡的事件也时有发生。

在自然灾害中出现学生伤亡事件,主要有两点原因:一是学校安

本文发表于《中国教育报》2014年3月5日。

全意识淡薄。在我国有些地方，学校根本没有应急演练一说，学校所有的工作都是围绕考试和成绩而开展，也有不少地方教育主管部门提倡进行应急演练，但很多学校仅仅只当作一种形式，草草应付了事。二是没有科学的应急演练指南。在突发性的自然灾害面前，校长、教师、学生不知如何去规避风险和合理疏散。即便演练，也是流于形式，走走过场，未能达到好的演练效果。

从国际上来看，许多发达国家都非常重视应急演练，而且均已实现了常态化。比如在英国，为了应对可能出现的自然灾害，政府要求学校制定危险应急预案，要求每周都要对学生进行应急训练，使训练成为每周的固定科目。在美国，从小学到高中，学生必须熟知火警、地震等灾难应急知识，按照规定，每个学年都要进行一到两次的安全演练。在日本，学校经常组织演习，告诉学生面对自然灾害，哪些做法是正确的，哪些做法是错误的。在这个过程中，学生不仅提升了安全意识，学到了逃生的常识，也提高了应变的能力。

其实，在我国也有不少学校和校长，即便没有教育主管部门三令五申的强调，也自觉把学生安全放在第一位。四川安县桑枣中学，虽然学校在2008年汶川大地震中也遭受重创，但是地震发生时，全校2200多名学生、上百名教师从不同位置井然有序地疏散到操场，整个过程，仅仅用了1分36秒，创造了零伤亡的奇迹。这就是平时注重安全教育和演练的效果。据悉，从2005年开始，该校每学期举行一次紧急疏散演练，地震时逃生的过程、模式和结果与演练的完全一致。可以说，平时的演练，在关键时候，有效地规避了自然灾害所带来的伤亡风险。

笔者以为，应急演练必须成为我国中小学和幼儿园常规化工作。除了安全意识和安全教育外，学校还要建立必要的安全机制，形成持久的安全文化，从校长、教师、学生，都要牢固树立安全意识，积极参与到校园应急演练中来。可以说，有了好的安全意识，加上科学的指南，同时制订有效的制度，并认真贯彻落实，相信在应对突发的自然灾害时，我们的教师和学生就会多一份自信，学校才会多一份安全。

SHI PING XIN SHU | 时评新述

  应急演练是安全教育的重要组成部分；但客观上看，安全教育也是长期以来我国学校教育中忽视的一个重要的教学内容。本文提出，应急演练必须成为我国中小学和幼儿园常态化工作。除了安全意识和安全教育外，学校还要建立必要的安全机制，形成持久的安全文化。随着教育部的重视，近些年许多学校已经逐步加强了这块工作，特别是在新冠肺炎疫情防控上取得了显著成效。从全国范围来看，学校应急演练工作还有待于进一步常态化，切实提升学生在突发事件面前的安全意识和自我防护能力。

"不得跨市招生"不能沦为空文

日前,河北省教育部门出台政策,明确要求公办高中今年"不得跨市招生",也不能利用公共教育资源举办复读班。该政策旨在缓解近年来河北省各市知名高中之间激烈的中考掐尖招生大战。然而,媒体认为政策能否有效落实还有待观察。

以笔者来看,这种质疑并非没有道理。从全国范围看,河北、江苏、山西、河南、江西等省份都曾先后出台政策,严禁普通高中"跨市招生",但成效似乎并不明显。就河北而言,早在2008年,包括石家庄市一中、二中以及衡水中学等在内的公办省级示范性高中校长郑重承诺:不跨区市招生。200多所公办中学校长还首次签订了《规范招生承诺书》。但是,据报道,2013年该省某重点中学一个高考班110多名学生中,市外生源高达70余名。很明显,有的高中没能履行承诺,而教育主管部门也没有追究相应责任。

可以说,河北省教育部门此次出台政策再次重申"不得跨市招生",既是落实教育部规定的"禁止争抢生源""严禁公办普通高中违反规定跨地区招生"的精神,也是出于舆论和公众对教育公平期待的一种理性回归。笔者以为,高中学校"不得跨市招生"未能有效落实,需要从高中教育属性和国家高考政策角度来审视。

本文发表于《中国教育报》2014年4月15日。

从高中教育属性来看，它属于基础教育，但又不是义务教育。在整个国民教育体系中，它处于一个承上启下的关键位置。作为义务教育的延伸，它需要考虑基础教育的公平问题，让每个孩子都享有平等的"受教育权"。然而，从为高等院校输送人才的角度来看，它又要求以高考分数为衡量标准的"教育质量"的提升。可以说，正是这种双重身份和模糊定位，导致高中教育"不得跨市招生"禁而不止。

从国家高考政策来看，虽然近些年国家极度重视教育公平，教育主管部门在自主招生、多元录取方式上都做了一些探索，但是，从本质上来说，目前我国还是一种以考试分数为主的应试教育模式。在高考大棒指挥下，直接塑造了地方政府唯"清华北大名校率"是从的政绩观。所以，打造一家独大的"超级中学"，往往是地方政府的意志，而不仅仅是学校之间的无序竞争的结果。公办高中名校之所以可以跨市招生"掐尖"，也是地方政府和教育主管部门的默许。

笔者以为，落实公办高中"不得跨市招生"政策，政府和教育主管部门需要壮士断腕的勇气，从办学方向、评价机制和监管力度上进行规范。首先，努力扩大优质高中教育资源，引导普通高中多样化和特色发展；其次，着力破除分数至上的高考评价标准，构建普通高中多样化发展的评价体系；再次，加强招生监管力度和学生学籍管理，对违规严重的单位和个人要坚决追究责任。唯有如此，"不得跨市招生"政策才不会沦为一纸空文。

SHI PING XIN SHU | 时评新述

近年来，随着对高中考试招生制度的规范，以及伴随新高考改革的推进，跨市招生的现象得到了有效遏制，"不得跨市招生"正在成为现实。

优化学籍管理是高质量教育必然要求

据媒体报道，日前，北京市教委发布新版《北京市中小学校学生学籍管理办法》，对2014年的"旧版"进行了修订。新修订的管理办法细化了学籍变动条件和办理要求，明确了转学申请时间，取消了转学联系表、转往外省市时需提供的接收学校证明等条件。总体来看，新管理办法彰显了高质量教育的时代诉求，是办好人民满意的教育的具体体现。

学籍管理的重要性不言而喻。学籍是学生属于某学校的一种法律上的身份或者资格，是学生能够实现有学上、接受高质量教育的基本凭据。近年来，我国教育主管部门高度重视学籍的规范管理工作，自2010年开始在全国部署，到2013年初步建成了相对完整的全国学生学籍信息管理系统。截至2017年9月，全国中小学生学籍信息管理系统有2.1亿名学生信息入库，基本实现了电子化高效便捷管理，有效提高了新时代基础教育的科学管理水平。

为进一步规范中小学校学生学籍管理，根据国家和教育部有关文件精神，北京市教委结合实际修订了《北京市中小学校学生学籍管理办法》，办法共10章52条。相比于"旧版"的管理办法，新的管理办法具有几大突出特点。

本文发表于《中国教育报》2021年5月6日。

坚持落实上位政策的要求。具体来说，充分吸收《中华人民共和国义务教育法》、《北京市实施〈中华人民共和国义务教育法〉办法》、教育部《中小学学生学籍管理办法》、《教育部办公厅关于进一步规范中小学生学籍管理相关问题处理的通知》等文件对学籍管理提出的要求。同时，认真贯彻"放管服"改革精神，落实了《教育部关于取消一批证明事项的通知》、北京市政府审改办《关于第三批取消 50 项涉及企业和群众办事创业证明的通知》等要求。

坚持问题导向和政策的相对稳定性。问题导向是处理问题的基本思维方式，随着学籍管理的规范化，中小学学籍管理工作得到优化加强。然而，随着我国社会环境的变化和人民群众对于高质量教育的需求变化，具体学籍管理工作也遇到了许多新的实际问题。比如，有些责任主体相互推诿，办理过程中转学渠道不畅，要求的有关证明材料过多，经办人业务能力不强等。新修订的管理办法在保持政策稳定性和延续性的基础上，对这些方面都进一步作了明确和优化。

坚持教育公平基本原则。教育公平是社会公平的基础，是教育的基本价值诉求。在新修订的办法中，进一步细化了学籍变动条件和办理要求，如明确了可以申请市内转学的特殊原因与办理要求。对于义务教育学段的学籍变动条件进一步作了细化规范；重申了本市普通高中学生原则上不予转学，确有需要转学的，成绩须不低于中考当年转入学校统一招生录取分数。调整了转学申请时间，新管理办法规定转学一般应在寒、暑假放假前一周提出申请。此外，对于"中小学起始年级的第一学期及毕业年级，不予办理转入手续""义务教育阶段学校不能以任何形式强迫学生转学"等情况做了明确规定。总体来看，更加突出了教育公平，最大限度保证了教育招生规范和正常教育教学秩序。

坚持优化服务和人文关怀。这主要体现在减证便民等方面，为广大学生家长提供了更多便利。比如，取消了因身体状况延缓入学、因病假休学需提交的医院证明，改为出示二级甲等及以上医院病历。取消了转学联系表、转往外省市时需提供的接收学校证明。按本市户籍学生对待的情形中，对父母一方为本市户籍的，取消了由乡镇人民政府或街道办事处开具的《子女关系证明信》等。对于特殊教育学校、特教班、随班就读学生的学习毕业，也做了相应规定，充分考虑了学生实际，以保障各级各类学生的成长发展。

中小学生学籍管理工作直接关系人民群众切身利益，是办好人民满意的教育的重要组成部分。各地要结合实际情况，在进一步规范的前提下持续优化学籍管理，确保阳光透明，务求公开公平公正，为学生接受高质量教育提供坚实有力的保障。

SHI PING XIN SHU | 时评新述

学籍是学生在校学习的重要凭证。学籍管理是现代学校管理的重要方式和手段，对于推动教育公平，促进教育事业科学发展具有重要的作用。本文提出，北京市教委推出的学籍新管理办法彰显了高质量教育的时代诉求，符合政策，注重公平，紧贴需求，是办好人民满意的教育的具体体现。从教育现实情况来看，优化学籍管理，有助于教育部门及时掌握学生的信息数据、规范办学行为，同时能够更好地为家长、学生提供有效的服务。

培训成绩与入学脱钩是正本清源

近日,北京市教委发布了2019年义务教育阶段入学工作的意见,其中就校外培训的规范治理明确提出,严禁学校和校外培训机构以培训班、校园开放日、冬夏令营等形式提前招生,选拔生源;严禁校外培训机构曲解宣传入学政策,炒作公办学校排名,将培训成绩与入学挂钩。笔者认为,北京这项政策对于规范校外培训市场,减轻中小学生负担,确保招生秩序,具有重要的意义。

义务教育的性质决定了其必须保证每个儿童少年都能接受公平的教育,因此推进义务教育均衡发展,是义务教育发展的应有之义。截至目前,全国有2717个县达到义务教育基本均衡标准,占全国总县数的92.7%,这表明我国义务教育实现了较高水平的均衡。然而,在现实中,受多种因素的影响,义务教育中区域、城乡间的差距,还有校际差异仍不同程度存在。其中,校外培训机构在一定程度上起到了推波助澜的作用,不仅增加了家长的经济负担,造成中小学生学业负担过重,也加剧了义务教育发展的不平衡。

2018年2月,教育部等四部门联合启动了校外培训机构专项治理行动,8月,国务院办公厅印发《关于规范校外培训机构发展的意见》,针对校外培训机构存在的安全隐患、证照不全、超前培训、超

本文发表于《中国教育报》2019年4月4日。

标培训等突出问题，提出一系列治理措施。经过一年多的治理，取得了阶段性成果。

从常理来推测，校外培训成绩本不应与中小学入学挂钩。但在实际中，校外培训机构通过各种形式的培训与招生挂钩，主要包括联合学校以各种名目培训班提前选拔生源，单独或者联合学校测试遴选学生，组织中小学等级考试或竞赛，向学校输送学生测试成绩或生源个人信息，曲解宣传国家入学政策，炒作公办学校排名等。这些直接与招生挂钩的行为，以及背后的"黑箱"运作，导致许多家长不得不多为孩子寻找一条通往优质学校的"捷径"，扰乱了正常的招生秩序，让许多家长产生了焦虑感。

国家下大力气整治校外培训，对家长来说，无疑是大快人心的事。家长不用再过分担心孩子"输在起跑线上"，也无须承担高额的补习费，更不用担心将培训成绩与入学挂钩所导致的"不得不报培训班"。

在这样的背景下，北京严禁培训成绩与中小学入学挂钩，从根本上斩断了校外培训机构和学校招生之间的利益链，对教育发展能够起到正本清源的作用。与此同时，北京还要求各区使用全市统一的义务教育入学服务平台，全程实时监控每一个学生入学流程。做到市、区两级强化监管，有违规违纪行为的交有关部门依规依纪处理。总体来看，北京市今年这次义务教育招生工作的改革举措，不是单项施策，而是综合治理，对于规范校外培训机构能够起到立竿见影的效果。

面向教育现代化2035，努力让每个孩子都能享有更加公平、更高质量、更具个性的教育，是办好人们满意教育的努力方向和终极目标，也是党和政府对人民的庄严承诺。北京市严禁将培训成绩与入学挂钩，从全国范围来看，都具有较好的示范效应。期待各地教育主管部门积极跟进，综合加强校外培训整治工作，为新时代教育发展营造良好的氛围。

时评新述

  学业成绩和学生入学紧密相关，是高一级学校招生的有效依据，对于选拔生源具有重要的作用。培训机构开展的各种竞赛考试成绩，能否和学生入学挂钩？从以往情况来看，现实中确有极少数学校把校外机构培训成绩作为重要依据之一。本文提出，校外培训成绩不应该与中小学入学挂钩。近年来，国家进一步加强了对培训机构的规范管理，特别是"双减"政策实施之后，随着学科培训得到有效遏制，培训成绩和入学挂钩也就失去了原有的土壤，良好的教育生态正在形成。

"在家上学"替代不了义务教育

近日,湖北省教育厅发布今年义务教育招生入学工作通知,进一步明确义务教育是国家统一实施的所有适龄儿童、少年必须接受的教育,满六周岁的儿童必须入学。特别提出不得以"在家上学"、接受"私塾""读经班"等社会培训机构的教育代替义务教育,同时对因故暂缓或要求提前上学的,也都做了明确规定。

让适龄儿童接受义务教育,入学时间有一定弹性,这是目前我国义务教育入学的一个基本遵循。教育部在今年义务教育招生入学工作通知中有相应的规定,不得以"在家上学"等其他形式的教育代替义务教育,并提出就读小学一年级儿童的截止出生年月由省级教育行政部门根据法律规定和实际情况统筹确定。从政策执行的逻辑来看,这和国家政策是一脉相承的。

应该说,各地因家庭贫困而导致适龄儿童未能很好接受义务教育的情况,基本上得到了治理。不过,随着经济社会的发展,人们对教育的诉求更加多元,特别是对优质教育资源的需求更加迫切。在这种背景下,许多地方出现了在家或在"私塾""读经班"等社会培训机构上学的现象,甚至以此来代替义务教育阶段的学校学习。正是基于这种多元化诉求,社会上出现了义务教育入学年龄应该具有一定弹性的

本文发表于《中国教育报》2017年3月30日。

呼声。

诚然，对于家庭希望孩子能够接受更加优质、个性化、多元化的教育，常人能够理解，甚至应该感到高兴，至少说明了家长开始在认真考虑孩子受教育的问题。但是，如果直接以其他形式的教育替代义务教育，显然已经违反了我国义务教育法的规定。笔者以为，在家上学、上私塾或读经班等形式，虽然表面上家长可以按照自己的想法来培养孩子，私塾或读经班也具有相应的特点和优势，但从整体上看，无论是从学校基础设施、知识体系、课程安排，还是教师队伍、同伴关系、考试评价以及相关保障等，学校教育仍然具有不可替代的优势。如果简单以其他形式替代在校上学，家长不仅需要承担高额的教育成本，绝大部分的孩子恐怕难以得到很好的发展，还极有可能导致少部分家长以"在家上学"或其他方式的教育为幌子，变相剥夺了孩子接受义务教育的权利。

从这个意义上讲，教育部门杜绝"在家上学"、以私塾或读经班替代义务教育的行为，能够最大限度保护孩子接受教育的权利。同时，家长们对教育诉求的多元化，也需要引起重视。现在，对于年满六周岁孩子上学的时限问题，各界已经进行了理论探讨，并形成了相对灵活的制度安排。值得关注的是，为什么仍然有许多家庭选择"在家上学"等其他教育形式呢？相关研究调查显示，选择"在家上学"的原因，前三位是"不认同学校的教育理念""学校教学进度过慢""孩子在学校没有得到充分尊重"。这几个原因中，最大的还是教育理念问题，对我们目前义务教育的发展提出了新的更高要求。还有一种情况需要引起关注，即"在家上学"也有迫于无奈的，比如极少数进城务工人员随迁子女，因为所在城市各种条件的限制，在当地入不了学，不得不"在家上学"或者直接辍学，这个问题同样要引起高度警惕。各地政府要主动作为，解决好这部分孩子的上学问题。

总之，义务教育作为公民必须接受的教育，家长不能想当然地以其他形式加以替代。那样，既违背了义务教育法的规定，也剥夺了孩子在校接受教育的权利。与此同时，对家长们的多元教育诉求，以及义务教育自身存在的问题，也应该引起关注。

SHI PING XIN SHU | 时评新述

义务教育是国家统一实施的所有适龄儿童、少年必须接受的教育，是国家必须予以保障的公益性事业。接受义务教育是每一个孩子的基本权利，受到法律保护。本文提出，要最大限度保护孩子接受教育的权利，不得以"在家上学"、接受"私塾""读经班"等社会培训机构的教育代替义务教育。近年来，教育部门加大了"控辍保学"的力度，我国绝大部分的孩子都能接受义务教育；对于部分学生所需的多元化、个性化、高质量的教育供给，可以通过其他学习方式予以补充，但不能替代义务教育。

"双一流"建设更要脚踏实地

近日,教育部公布了"双一流"建设高校名单,其中一流大学建设高校 42 所,一流学科建设高校 95 所。随着名单的公布,多所一流大学建设高校的"双一流"建设方案也陆续出台,开始为"双一流"建设绘制计划书、路线图和时间表。

进入"双一流"建设名单的高校及时编制建设方案,并在第一时间向社会公布,既是落实国家"双一流"建设的具体校本行动,也是向教师、学生和社会正式发出建设"世界一流大学、世界一流学科"的起跑令,具有鼓舞人心、振奋士气的功效。在已发布的高校"双一流"建设方案中,不仅目标令人振奋和鼓舞,而且可以看到一些发展的亮点。比如,北京大学明确"'双一流'建设重点将放在一流学科上",提出了"30+6+2"学科建设项目布局;四川大学提出要打造 12 个学科(群);浙江大学提出了探索"双一流"绩效考核新模式,将建立健全"双一流"建设的领导体系、责任体系、实施体系和评估体系;华东师范大学、山东大学、西安交通大学等则皆以 2020 年、2030 年、2050 年为时间节点,划分出"三步走"的阶段性目标。这些方案大多目标明确、思路清晰、举措有力,为"双一流"建设的起航奠定了坚实的基础。

本文发表于《中国教育报》2017 年 10 月 12 日。

然而，有些高校在"双一流"建设目标的定位上似乎太过具体和"精准"，比如到某个阶段要进入世界前多少位排名、有多少学科进入排名前千分之一等。虽然从常规意义上，规划越具体越好，越量化越好，但这些指标的设定有没有科学的论证？在中国的传统文化里，取法乎上得其中，取法乎中得其下，目标高一点似乎并非什么坏事，但最好还是符合学校实际情况，把目标定得更实在一点比较妥当。况且大学的发展不能只是唯指标。让笔者更为担忧的是方案实施的连续性问题——制订"双一流"方案，有长远的眼光固然是好的，但能否一以贯之地坚持10年、20年、30年呢？从过往的经验来看，我国不乏好的政策和方案，但有些政策和方案出台后就束之高阁，只为应付一时之需；有些方案在执行过程中大打折扣，并未始终坚持既定的路线和策略。为此，"双一流"建设方案的连续性必须要有相关的制度安排予以保证。

世界一流大学的诞生，既有来自学校本身的长期历史积累，比如牛津大学和哈佛大学等；也有短期内快速发展实现弯道超车的，比如香港科技大学等。但不管是先发优势还是后来居上，都无不把培育人才作为基本功能，潜心科学研究，并积极服务国家、社会的需求乃至人类文明的进步。同时，这些大学都始终坚持自身的办学理念，成为一种文化自觉，并通过一代又一代教育者的努力，在实干中、行动中不断发展和超越。

国内高校在"双一流"建设中，主动设计和绘制蓝图是必要的，也是当务之急，但方案的出台一定要有科学研究和严格论证。同时，在方案执行过程中，高校不仅要学会"仰望星空"，更要"脚踏实地"，争取在"双一流"建设中取得更加丰硕的成果。

时评新述

  "双一流"建设是我国继"211工程""985工程"之后的又一重点大学支持计划，既继承了原有一些好的做法，又解决了一些新出现的问题。这项制度的出台以及方案的发布，有助于我国一流大学和一流学科的建设。本文提出，大学"双一流"建设方案的连续性必须要有相关的制度安排予以保证，要通过一代又一代教育者的努力，在实干中、行动中不断发展和超越。到目前为止，"双一流"建设已经完成了第一个5年计划，取得了全方位的成就。期待新一轮"双一流"建设持续发力，为建设高等教育强国作出积极奉献。

"强基计划"接棒,利在长远

教育部官网 15 日发布《关于在部分高校开展基础学科招生改革试点工作的意见》,决定自 2020 年起,不再组织开展高校自主招生工作,而是在部分高校开展基础学科招生改革试点(也称"强基计划")。由于涉及高考改革,因此消息一出来,立即引起社会广泛关注。

自 2003 年启动以来,高考自主招生为国家科学取才开辟了一条新的路径。总体来看,自主招生录取的大多数学生入校后在学业成绩、科技创新、学术论文、升学深造等方面表现比较突出,这种招生方式为国家培养了一批优秀人才。

但近年来自主招生也出现不少问题,比如高校"掐尖"大战,招生学科过于宽泛、重点不集中,招生与培养衔接不够,个别高校考核评价不够科学规范,有些考生提供不真实的学科特长材料等。尤其是在部分高校爆出自主招生腐败丑闻后,其科学性特别是公平性受到质疑。

在新高考改革倡导的"分类考试、综合评价、多元录取"政策背景下,某种程度上讲,高校自主招生已完成了其历史使命。

新推出的"强基计划",政策导向非常鲜明,提出教育要服务国家重大战略、选拔培养拔尖创新人才。从发展历程来看,经过过去

本文发表于《环球时报》2020 年 1 月 16 日。

20多年的快速发展，我国已建成世界上最大规模的高等教育体系，总体水平跃居世界中上行列。截至2018年，高等教育毛入学率已达48.1%，马上就将进入高等教育普及化阶段。但规模上的优势，并不等同于质量。"钱学森之问"提出已有十余年时间，但仍未能得到很好的解决。在一些"高精专"技术上，我国也还面临"卡脖子"的被动局面。回应和破解这一时代之问，必须创新招生录取方式和人才培养模式，加强基础学科人才的培养。

历史经验表明，科学技术的伟大发明以及生产力的飞跃，根源都在于基础研究。在"强起来"过程中，国家正对科学技术创新特别是基础研究给予高度重视。党的十九大报告强调，要瞄准世界科技前沿，强化基础研究，实现前瞻性基础研究、引领性原创成果重大突破。历年的国家科学技术奖励大会也在不断夯实一个认识，那就是要努力筑牢基础研究这一科技创新的根基，创造更多"从0到1"的原创成果。

而"强基计划"强调在基础学科进行招生改革试点，就是要大力培养从事基础研究方面的人才。

当前，以人工智能、大数据、区块链、5G为特征的新一轮科技和产业革命快速发展，科学研究范式和方式正在发生变革，创新驱动已经成为全球共识。在这一背景下，世界科技格局和版图正发生新的调整。有学者甚至认为，就全球科学技术发展态势的研判而言，这是我国向世界科技强国进军过程中面临的重大机遇，也可能是未来一段时期内绝无仅有的机遇，如果我们没有抓住这次机遇，未来就可能会多付出至少几十年的代价。因此，我国必须抓住这一重要机遇，加强基础学科的人才培养，为我国科学技术的发展进步和综合国力的提升提供坚强有力的支撑。

总之,在新高考改革背景下,"强基计划"的推出契合国家战略需求,既符合时代潮流,也利在长远。只有创新人才招生录取方式,变革人才培养模式,大力培养关键领域和国家紧缺的基础学科人才,才能为我国科学进步和经济社会发展持续赋能。

SHI PING XIN SHU | 时评新述

2020年初"强基计划"政策的出台,意味着实施将近20年的高考自主招生的终结。毫无疑问,这是我国高考制度的一次重要改革。对于加强基础学科,培养创新型人才,推动原始创新,服务国家战略具有非常重要的历史意义。本文认为,新推出的"强基计划",政策导向非常鲜明,提出教育要服务国家重大战略、选拔培养拔尖创新人才。这篇文章,是"强基计划"政策出台后第一时间撰写的政策解读文章。文中一些核心观点,被后续发表的许多有关学术文章所引用。

提高本科教育质量刻不容缓

近日,江西省教育厅出台了《关于全面振兴本科教育的实施意见》,明确了江西省本科教育改革的发展思路、主要目标和具体举措,其中对本科教育评价机制做了完善,明确提出"学生挂科后不再有清考"。这意味着本科教育毕业将彻底从严,大学本科生"混文凭"的局面一去不复返了。

曾几何时,大学生中流行"60分万岁"的观念,个别教师对大学生考试睁一只眼闭一只眼,甚至还有提前给学生"划重点"的做法。从制度安排上来说,高校对挂科、补考也给没有通过的学生安排了"清考"。一般来说,"清考"的考试要求并不高,绝大部分学生都能顺利"出关",以至于被人质疑是"放水"。在这样一种"清考"评价制度下,许多大学生对学业放松了警惕,进而也影响了本科生的教育质量。

本科教育是我国高等教育体系的主体,是研究生教育的基础。类型多样、设置齐全的本科教育已成为我国高等教育最大的供给体系,本科生成为高素质专门人才培养的最大群体和拔尖创新人才培养的基础。

因此,在2018年召开的新时代全国高等学校本科教育工作会议

本文发表于《中国教育报》2019年6月9日。

上，教育部部长陈宝生明确提出，要牢牢把握高等学校的根本任务和根本标准，坚持以人为本，推进"四个回归"。这次会议，为我国本科教育改革明确了方向，提出了要求。

从世界范围来看，国外知名大学无一不将本科教育作为立校之本。进入21世纪以来，虽然科学研究的重要性随着大学排名日益凸显，但斯坦福大学、麻省理工学院、哈佛大学等国外知名高校都强调本科教育的重要性。哈佛大学本科生院院长哈瑞·刘易斯在《失去灵魂的卓越》一书中就强调"没有一流本科的'一流大学'是失去了灵魂的卓越！没有一流本科的'一流学科'是忘记了根本的一流"。可见，回归并重视本科教育质量已成为国际高等教育的重要共识和发展趋势。

当前，我国正处于加快高等教育现代化、建设高等教育强国的关键时期，客观上却由于"重科研轻教学"导致了对本科教育教学重视不够，部分高校领导注意力、教师精力与学校资源在本科教育教学上的投入不足，核心竞争力和教学质量未在本科教育中得到落实，评价标准和政策机制导向不聚焦等一系列问题。新时代全国高等学校本科教育工作会议后，各地各校都相继出台了相应的实施意见，把本科教育放在了更加重要的位置，非常及时和必要。从改革的方向来看，就是要不断提升课程的挑战度，淘汰"水课"、打造"金课"，取缔"清考"制度，对本科生合理"增负"，严守课程教学的质量。

在新时代的伟大征程中，我国高等教育同时即将进入普及化阶段。推动高校注重内涵建设、提升高等教育质量是应有之义，而加强本科教育评价改革，是提升本科教育教学质量的有效举措，将有助于改变"严进宽出"的局面，增强我国高等教育的世界竞争力。

笔者以为，除了注重结果性评价严把质量关外，高校要更加重视过程性评价的作用，把人才培养水平和质量作为本科教育教学评估的首要指标，始终坚持以学生为中心，将质量文化观内化为全校师生共同的价值追求和自觉行为，最终构建更高水平的人才培养体系。

SHI PING XIN SHU | 时评新述

  质量是教育发展永恒的价值追求，也是检验学校教育教学效果的重要指标，是当前我国教育发展的最重要的主题。本文提出，加强本科教育评价改革，是提升本科教育教学质量的有效举措，将有助于改变"严进宽出"的局面，增强我国高等教育的世界竞争力。2018年新时代全国高等学校本科教育工作会议后，我国加强了对本科生教育质量的重视。随着我国进入高等教育普及化时代，本科教育质量的提升将会越来越凸显，也是新阶段大学教育需要持续加强的着力点。

加快推进高等教育内涵发展

国家发展改革委、教育部、人力资源社会保障部印发的《"十四五"时期教育强国推进工程实施方案》，对我国"十四五"时期建设教育强国进行了系统部署，对于推进教育高质量发展具有重大意义。方案内容包括巩固基础教育脱贫成果、职业教育产教融合、高等教育内涵发展等三部分。在高等教育领域，明确提出促进高等教育内涵发展的建设任务。

高等教育内涵发展是教育强国的建设内容，也是高等教育高质量发展的应有之义。我国高等教育已经由以数量规模为考量的外延发展阶段进入到以质量为特征的内涵发展新阶段。党的十八大报告中明确指出"着力提高教育质量，推动高等教育内涵式发展"，党的十九大报告指出"加快一流大学和一流学科建设，实现高等教育内涵式发展"。可以说，内涵发展是我国高等教育当前及今后很长一段时期的发展道路与发展模式。

在内涵发展理念的指引下，近年来我国高等教育通过加强党的建设、综合改革、结构调整、专业优化、重视教学等方式，取得了显著成绩。进入新时代，世界发展格局正在重塑，先进科学技术的竞争越来越体现为人才和教育的竞争。面对新的发展形势，加快破解"卡

本文发表于《中国教育报》2021年5月21日。

脖子"关键核心技术，加快培养国家急需的人才，有效提升高等教育对区域经济社会发展的支撑引领能力，成为新阶段我国高等教育内涵发展新的建设目标。

高等教育内涵发展，要加快破解"卡脖子"关键核心技术问题。关键核心技术是一个国家创新力和竞争力的重要表征，也是一个国家综合实力的生动体现。我国正在开启全面建设社会主义现代化国家新征程，解决一些关键核心技术问题变得越来越迫切。作为我国科学研究的策源地和主战场，决定了高等教育必须在中华民族伟大复兴的进程中，勇挑时代重担，围绕国家重大急需和国家战略，深入推进学科专业调整和科技创新，重点加强主干基础学科、优势特色学科、新兴交叉学科等学科基础设施和大型仪器设备建设，鼓励"揭榜挂帅"，产出一批"从 0 到 1"的原创性成果。

高等教育内涵发展，要加快培养国家急需的医学和教师人才。人才是第一资源，是一个国家长治久安、行稳致远的重要保障。新中国成立以来，我国高等教育为党和国家培养了数以亿计高层次专门人才，为国家经济社会发展作出了卓越贡献。当前，为服务疫情防控、健康中国和教育强国建设需要，方案突出强调培养医学和教师两类人才。医学人才是确保人民身体健康和生命安全的重要力量，而教师人才是我国推动实施教育强国的主力军，在推动人才培养、基础研究、科技创新中具有不可替代的作用。因此，迫切需要加大支持力度，通过加强优质医学和师范院校建设，着力培养一大批高素质、专业化、创新型的医学和教师人才，为建设健康中国和教育强国保驾护航。

高等教育内涵发展，要有效提升对区域经济社会发展的支撑引领能力。服务社会是高等教育的重要职能，也是高等教育内涵发展、提升办学质量的有效途径。一所大学的内涵发展和办学质量，必须通过服务国家战略和区域经济社会发展来检验，并在服务过程中得到验证。长期以来，我国高等教育人才培养结构与社会需求契合度不够，产教融合、科教融合的体制机制尚不健全，高校办学特色仍不够鲜明。伴随着大学越来越走进社会的中心，必须提升其服务区域经济社会发展的意识和能力，加快科技成果转化的速度，为区域经济社会发展提供源源不断的思想、技术和人才支撑。

在新的历史时间节点，高校必须立足新阶段，贯彻新理念，构建新格局，以高等教育高质量内涵发展支撑、推动、引领教育强国，开拓进取，勇于创新，为中华民族伟大复兴作出新的更大贡献。

SHI PING XIN SHU | 时评新述

相对于单纯以数量和规模为追求的外延式发展取向，内涵式发展更加重视大学内部治理，教育教学质量的提升、教师队伍建设的加强、资源分配的持续优化、办学绩效的跟踪评估，是高等教育普及化后最重要的价值导向。本文提出，高等教育内涵发展是教育强国的建设内容，也是高等教育高质量发展的应有之义，是我国高等教育当前及今后很长一段时期的发展道路与发展模式。时至今日，高等教育内涵发展，已经成为我国高校普遍认可的发展理念和道路，正在推动我国高等教育质量的整体提升。

"劳作教育"作为必修课要落到实处

据报道,南京理工大学教育实验学院今年面向2014级本科生推出名为"益心益意"的劳作教育课,且在课程实施方案中明确规定——该课作为大学生必修课程,分为校园服务的基本劳作课和社会实践的拓展性劳作课两大部分,每学期修满20课时,就可得到这门课的1个学分。表现优秀的学生,在各项评优中会享受一定的"福利",但考核未通过必须重修。

众所周知,类似"劳作教育课"这样的课程在我国中小学里长期存在,诸如"劳动课""劳动技能课"等,有条件的学校还组织学生参加实践基地劳作,旨在培养学生的劳动技能和吃苦耐劳的品质。但是到了大学之后,这门课程基本就被舍弃了,取而代之的是大学毕业前的社会实践或实习课程,一般规定拿到1—2学分的实践学分才能毕业,主要参与和专业知识或未来就业相关的工作,目的是为就业做好准备。那么,现在大学设置"劳作教育课",是否有此必要呢?

笔者以为,劳动作为一项基本技能和品质素养,无论何时何地,都需要予以重视,作为大学必修课程也没有问题。《国家中长期教育改革和发展规划纲要(2010—2020年)》明确提出:加强劳动教育,培养学生热爱劳动、热爱劳动人民的情感。但需要注意的是,"劳作

本文发表于《中国教育报》2014年11月5日。

教育课"不能停留在表面上，在课程设置时，需要思考的是培养学生怎样的基本素养，渗透怎样的价值观，对学生究竟产生怎样的影响。这才是根本。

之所以强调"劳作教育课"要落到实处，是因为一些中小学甚至大学各种不同形式的劳动课，主要是在做表面文章。一些中小学的劳动技术课，理论课大多沦为纸上谈兵，实践课的劳动安排也少有督促，甚至干脆以劳动来惩罚一些违纪的学生，劳动教育应有的价值名存实亡。到了大学，社会实践课则很少有相应的课程实施方案，不少大学生在毕业前夕随便找一家单位写个鉴定盖个章，实践学分就轻易到手了。至于是不是真的培养了劳动技能，养成了好的劳动品质，反倒是其次的了。而高校管理者更是很少去追究真伪。

对劳动教育的忽视，不可避免地带来了许多问题。一是直接反映在大学生个人、教室、宿舍的清洁卫生上，不少学生无法维持整洁的生活环境，不仅影响个人的身体健康，还影响学习环境。二是间接对大学生的行为习惯和意志品质造成了长远影响。没有吃苦耐劳的精神，在未来的工作上，也难以有更好的发展。从这两个方面来看，劳动教育不可谓不重要。

长期以来，在人才培养规格上，我们提倡"五育并举"，即德、智、体、美、劳全面发展，这也直接体现在学校的课程设置上，在特殊时期甚至把劳动教育放到了极其重要的地位。但是，随着经济社会的发展，我们在培养人的规格上，目前谈得更多的是德、智、体、美"四育"，劳动教育很少提及，在高校人才培养上，取而代之是培养实践性、创新型人才。而劳动教育恰恰是实践性、创新型人才培养的实现途径之一。

总之，劳动教育很重要，但关键是如何开展"劳作教育课"。笔者以为，应该有三个方面的基本认识：首先，我们不能把大学劳作教育课简单等同于中小学劳动课的延伸，而是必须落到实处，发挥其应有的育人价值。其次，劳作教育课也不能仅以出勤作为考核标准，应该注重劳动过程以及劳动的成效。最后，劳动教育不能只是简单地通过一门课程完成，而是应该作为一种思想或理念，融入各门课程的培养目标中去。

SHI PING XIN SHU | 时评新述

劳作教育，是推进劳动教育的一种具体形式。本文于2014年就提出将其作为学生必修课，纳入学分管理，是高校层面实施劳动教育较早的探索。本文提出，劳动作为一项基本技能和品质素养，无论何时何地，都需要予以重视。同时，不能把大学劳作教育课简单等同于中小学劳动课的延伸，而必须落到实处，发挥其应有的育人价值。2018年全国教育大会之后，劳动教育正式和德智体美共同组成了"五育"，并纳入了2021年新修订的教育方针，劳动教育在高校将得到切实加强。

不唯"指标"有利选拔优才

"申请—审核"制招生通过学生自己申请，报考学院审核后，决定是否录取考生，有别于长期以来的选拔模式，淡化了考试尤其是笔试的成分。2013 年，针对博士招生中出现的问题，教育主管部门积极推进考试招生改革，之后在北大、清华、北师大等高校某些学科进行试点。笔者以为，这种源自西方发达国家的招生变革，符合人才选拔和科学研究的规律，适应我国高层次人才培养的发展趋势，总体上值得肯定。

长期以来，我国高校博士招生往往通过考试录取学生，外语成绩好、善于应试的学生在考试中很有优势。当然，通过应试选拔出来的学生，具备一定的科研素养和研究基础，一定程度上也确保了教育公平。但是，不排除部分善于应试的学生只是临时抱佛脚，通过死记硬背、投机取巧获得了高分，并不具备很好的科研潜质。事实表明，我国培养的许多博士生毕业后根本做不了研究，甚至写毕业论文都非常艰难，其中相当原因是招生入口出了问题。笔者曾对某一学科近 10 年的 500 名博士毕业生做过统计，至今仍活跃在学术圈的仅仅 50 名左右，其他九成博士毕业生不是转行，就是泯然众人。

博士生教育是人才培养的最高层次，意义不言而喻。然而，人才培养有一个非常重要的环节，就是选拔和招生。"申请—审核"制超越了传统应试为主的选拔方式，赋予学院和导师更多的自主权，让导

本文发表于《中国教育报》2016 年 10 月 28 日。

师招到真正具有研究基础和潜力的学生。据笔者了解，从目前我国一些重点高校的实践来看，人才的起点和质量确实有了实质性的提升。但在实际招生过程中，"申请—审核"制确保了博士生招生的公平公正和公开透明，但也有一部分非常优秀的学生由于"申请—审核"制的存在，由于一些硬性的指标条件，丧失了继续深造的机会。重点高校和科研机构人员通过前期积累和知名教授的推荐，能获得更多机会。而那些普通院校学生获得机会的难度就大很多。如果说之前的应试还有一线机会，那么"申请—审核"制的推出使得这类群体即使有相应的基础和科研旨趣，恐怕也再难入博士之门。导师即使有看好的学生，由于这些硬性指标，也很难做到真正的自主招生。

在博士研究生招生中，"申请—审核"制无疑符合教育发展的趋势，但也切忌唯"申请—审核"制，更不能将这一制度僵化运用，否则就变相成为另外一种应试选拔，而应赋予导师真正的自主权。同时，博士生培养是一个系统工程，招生只是其中一个环节，还应不断完善博士生类型结构、优化招生过程、探索培养方式，在加大保障力度上下功夫。

SHI PING XIN SHU | 时评新述

科学选才是高等教育的重要功能，但如何把真正优秀的人才选拔出来，并加以培养，是一个非常重要的课题。对于高层次博士生人才的选拔，近年来高校推行的"申请—审核"制逐步成为主流。本文提出，大学"申请—审核"制确保了博士生招生的公平公正和公开透明，但也有一部分非常优秀的学生由于"申请—审核"制硬性指标条件的限制，失去了继续深造的机会。本文既肯定这一制度的合理性和重要性，同时也提出切忌"一刀切"，而是要赋予导师更多更大的自主权，不拘一格选拔高层次学术人才。

CHAPTER THREE

实践引领

实践是理论的源泉,是检验政策实施、理论效果的试金石,有利于进一步完善政策、推动理论发展。本编收录了作者发表在《环球时报》《中国教育报》等权威媒体的 25 篇文章。有对教育宏观层面问题的研判分析,有对学校办学等中观层面问题进行的评析探讨,还有对教育教学等微观层面问题的关注评论,旨在为基层学校、一线教师提供教育教学实践引领。

基础教育的短板在哪里

近日,华为创始人任正非在接受媒体采访时,表达了对教育,特别是基础教育的关切。他认为,在这个时代,重心是要发展教育,而且主要是基础教育,要用最优秀的人培养更优秀的人。由此,基础教育话题受到了广泛关注。

教育是国之大计,基础教育又是重中之重。近年来,我国教育事业取得了巨大成就,人民的思想道德素质和科学文化素质全面提升。特别是城乡免费九年义务教育的全面实现,完成了西方发达国家需要几十年甚至上百年才能走完的历程。

强本先需固基。仅从国家教育经费投入的角度来看,其中50%以上的教育经费就投给了基础教育。可以说,我国中小学无论是硬件建设还是软件建设,都实现了质的提升。2019年最新数据显示,全国有2717个县实现了义务教育基本均衡发展,占全国总数的92.7%。在教育质量方面,上海两次PISA(国际学生评估项目)测试排名第一,在国际上已经引起了很大反响,包括英国政府在内的许多欧美国家教育主管部门组团来华学习。应该说,国家对基础教育的重视,为我国培养创新型人才、建设创新型国家奠定了良好基础。

但客观而论,我国基础教育还存在许多亟待改进的问题。比如,

本文发表于《环球时报》2019年6月10日。

学前教育"入园难、入园贵"的问题，虽然近几年有所缓解，但是优质的公办园、普惠园仍然非常稀缺，民办园的高额费用让许多家庭望而却步。再如，中小学负担问题。虽然上海两次 PISA 测试世界排名第一，但调查显示，在参与测试的国家和地区中，上海学生的学习时间也最长。从国家政策层面，教育主管部门一直在推动学生减负，成效却并不明显，反而负担是越减越重。由此还衍生了中小学生近视率升高的问题。目前，我国青少年近视率世界第一，2018 年发布的《中国义务教育质量检测报告》显示，四年级的近视率达到了 36.5%，八年级的近视率达到 65.3%。而在西方发达国家，美国青少年的近视率约为 25%，德国青少年近视率一直控制在 15% 以下，澳大利亚青少年近视率仅为 1.3%。此外，我国基础教育师资队伍的质量还有待提升。中国最顶尖水平的高中毕业生往往选择报考经济、金融等方面专业，报考师范专业的优质生源比例越来越小。

总体来看，我国基础教育"有学上"的问题基本解决了，但解决"上好学"的问题仍任重道远。面向 2035，国家对建设创新型国家、培养创新型人才的需求更加迫切，老百姓对更加公平、更高质量、更具个性的教育需求更加强烈。在此背景下，必须把基础教育放在更加突出的战略位置，持续加大经费投入，遵循学生成长规律和教育教学规律，不断提升基础教育治理体系和治理能力的现代化水平，进而培养德智体美劳全面发展的时代新人。

SHI PING XIN SHU | 时评新述

在国民教育体系中，基础教育无论对于孩子的成长成才，还是国家和民族的未来，都具有奠基性作用。我国基础教育还存在许多问题亟待破解，必须把基础教育放在更加突出的战略位置。

课程改革如何高效

自国家实施新课程改革以来,全国课改如火如荼地开展起来。许多地区、学校都在探索课程改革的新思路、新途径,力图体现自主、探究、合作的新理念。一些地区和学校提出"高效课堂""有效课堂""品质课堂""智慧课堂"等课堂模式。对于这些模式,有人用八个字作了描述:一片繁荣,乱象丛生。这样概括或许有些偏颇,但也反映了某些实情。

课程改革改变了过去传统的教师灌输式的教学方式,让学生在和教师的对话中学习、交流,并能够主动参与到课程内容意义建构上来。目前,课程改革有来自上级主管部门的要求,也有校长、教师自下而上的自发探索,希望在体现自主、合作、探究精神的同时,也能实现教学成绩的大幅度提升。这样的课改方向无疑是正确的,也是值得提倡的,但其中也存在着不少问题。

笔者在中小学校进行调研时发现,对新课程改革后的课堂教学,校长和教师反映的最大困惑是:尽管形式上课堂的确较以前更有趣了,学生也敢于发言了,但学生学业成绩的提升却很困难,有时甚至还不如传统教师"一言堂"的课堂。也有教师反映,新兴的课堂模式难以真正发挥教师的主导作用,而且编写高效、实用的导学案也给一

本文发表于《中国教育报》2013 年 3 月 27 日。

线教师带来许多困惑。在这些问题中，首当其冲的便是学生的学业成绩提升问题。

课改了，成绩却没能提升，高效课堂似乎并不怎么"高效"。这让许多校长和教师对课程改革产生了怀疑。有校长就和笔者谈到，现在这些课堂改革有些影响力的，都是一些较为偏远的农村学校，那也是"没有办法的办法"，而中心城区的重点学校，很多还是坚持传统的教学方式。这种现象的确存在，那么，为什么许多城市学校不走"高效"的道路，反倒是边缘的乡村学校往往勇于扛起课改的旗帜呢？种种迹象表明，传统课堂的改革并不乐观，因为传统课堂的"题海战术""灌输教学"等方式似乎更适合于提升学生的成绩。

当前，我国的教育改革进入了深水区。突破这样一种发展瓶颈，必须以课堂改革为抓手，改革传统的教学方式方法，进而培养创新型的高素质人才。课程改革的方向无疑是正确的，对于课改中出现的问题，笔者以为以下三点需要改进。

一是课程改革有待于进一步深化。以上的种种问题，笔者认为是课程改革在实施过程中出现的问题或偏差。针对目前课堂教学过程中的偏差，比如教师反映的导学案问题，很大一部分原因是因为教师没有很好地去研究课标、教材和题库。教师缺乏课堂驾驭能力，任由学生天马行空地发挥，教师主导作用没有得到有效发挥。课堂教学小组建设有问题，没能很好发挥同学之间的相互帮带作用。教师没能很好地督促学生完成课后的巩固任务。如果能够在一些细节上认真思考，课改未必不能使学业成绩提升。

二是树立多元价值观。在课程改革的过程中，尽管很多学校的学业成绩没能实现提升，但是值得肯定的是，学校精神面貌焕然一新，学生变得更加活泼、敢于发言、有团队意识了，这本身就是很重要的意义和价值。这种价值从长远来看，甚至高于所谓的分数。同时，这样一种融合自主、探究、合作精神的课改，是培养孩子成为现代公民的有效手段。

三是人才选拔方式和机制应该同步改革。很多地区和学校不断探索课程改革，但考试方式并没有太多改变。这也是所谓高效课堂不能"高效"的重要原因之一。因此，在课程及课堂改革的同时，改变人才选拔方式和机制，重视学生综合素质和创新能力的培养，同样也是当务之急。

SHI PING XIN SHU | 时评新述

课程是教书育人的重要载体，课堂是学校教育教学的主阵地。学校发展，关键在于优化课程设置，提升课堂教学质量。本文提出，我国的教育改革进入了深水区，突破这样一种发展瓶颈，必须以课堂改革为抓手，改革传统的教学方式方法，进而培养创新型高素质人才。笔者曾做过中学教师，也在相当长时期里作为专家深入学校进入课堂，对学校教学有一定的了解。基础教育课程改革至今20年了，在一片熙熙攘攘的课改声中，随着教育综合改革的深入推进，课程教学、课堂改革越来越回归教育教学本质。

理性看待名校直播班走红

近日,一篇题为《名校直播班中国走红》的报道受到社会广泛关注,并很快在社交媒体上引发热议。这一教育现象迅速走红,说明信息技术在推动优质教育资源共享上取得成效的同时,也集中反映了我国贫困边远地区教育发展中的诸多不平衡不充分问题。

引发争议的问题关注点,就在于是否通过"直播班"改变了许多孩子的命运。如媒体报道所说,"中国200余所贫困地区中学的7.2万名中学生,过去数年间接入了名校成都第七中学的课程直播,全天候跟随成都七中学生一起上课,考入大学的比例涨了几倍、十几倍,大多数成功考取了本科,其中88人考上了清华大学和北京大学"。对于贫困地区来说,孩子能够考上大学,自然是好事,至少给孩子未来生活提供了一种新的可能。但进入新时代,功利化的评价方式,绝非是唯一的评价标准。笔者以为,"直播班"更重要的价值在于,能够让孩子看到更多外面的世界,从而点燃他们求知和向上的信念。

事实表明,信息技术在促进教育公平上,发挥了积极重要的作用。但在"直播班"这件事情上,由于商业模式的介入,有人认为不仅未能实现应有的教育公平,反而造成了新的信息"鸿沟"。从报道

本文发表于《环球时报》2018年12月19日。

的情况来看,"直播班"并没有全面普及,而是从中学选取一些尖子学生跟着学习,同时这种"直播班"虽然对学生没有收取太多的额外费用,但是政府在这方面却增加了相应投入,而享受优质资源的是少数平时成绩靠前的学生。教育本是一种公共产品或准公共产品,理应让更多孩子享用,如果只是少数学生的特权,争议在所难免。因而,这种优质资源的供给应该创新供给模式和方式方法,给更多的孩子提供获取免费学习资源的机会。

同时,笔者以为,改变我国贫困边远地区教育发展中不平衡不充分的整体面貌,绝不是仅仅依靠"直播班"就能实现的。从国家层面来看,要进一步加大对贫困边远地区教育投入的倾斜力度,开展教育精准扶贫。同时,要激发当地政府和教育系统自身变革的内生动力,努力扩大优质教育资源供给,配齐配足高素质专业化的教师队伍,创新育人模式和教学方式,让孩子们都能公平地享受优质教育资源,促进每一个孩子的成长成才。

SHI PING XIN SHU | 时评新述

信息技术作为一种现代化的手段,对推进教育公平、提高教育质量起到非常重要的作用。本文提出,"名校直播班"走红,说明信息技术在推动优质教育资源共享上取得成效。但是,我们不能过于高估或神化信息化的作用。近年来,国家在大力推进教育信息化工作,从教育信息化1.0到2.0,现在已经演进到以人工智能为特征的教育信息化3.0时代。然而信息技术无论如何发展,教育教学的本质、教师的主导作用仍然要坚守。

学校责任失守助长补课歪风

目前，就今年暑期许多报道揭露的违规补课情况，从主体来看，既有教师秘密私下授课的，也有学校领导带头补课的，更有学校集体组织补习的。从地点来看，既有教师安排在家补习的，也有"借壳"培训机构补课的，更有明目张胆安排在学校补习的。从内容来看，既有培优补差的训练，也有下学期新课的讲授。从时间来看，大多从10天到1个月不等，也有小部分学校几乎整个假期都在补课。从性质来看，上述所有情况大都属于违规的有偿家教或有偿补课。

禁止违规补课，近年来教育主管部门可谓三令五申。在教育部今年下发的《关于做好2013年中小学生暑期工作的通知》中，禁止各地教育行政部门和中小学校组织学生集体补课、有偿补课。然而，似乎上有政策，下有对策，违规补课现象仍频频发生，补课成了一些学校里公开的秘密。同时，违规补课行为一旦被曝光，某些学校领导常常矢口否认，把责任推得一干二净。荒唐的是，有的学校甚至把公众视线往家长身上引，说家长逼着学校不得不为之，或发动家长向学生施压，要求"爆料"的学生"闭嘴"。

诚然，违规补课不少家长也在积极响应，一部分教育培训机构更是推波助澜。诚然，应试教育分数至上的"魔咒"仍在，教育主

本文发表于《中国教育报》2013年8月22日。

管部门要升学率、重点率；不少地方教师待遇仍然偏低，惯于利用假期挣点外快，以至于学校只好"睁一只眼闭一只眼"。但是，作为教育的组织实施机构，学校不但具有上传下达的功能，应当严格执行教育主管部门严禁补课的规定，还担当着教书育人的天职，更该与违规补课划清界限。作为学校领导，还须以身作则并禁止学校教师违规补课。

令人遗憾的是，在许多违规补课事件中，学校这个层面基本失效。学校既没有很好地贯彻和落实教育主管部门的意志，也未能及时对违规补课教师进行查处。相反，不少学校领导对教师补课熟视无睹或者自己也参与其中，甚至公然组织学生集体补习。

为什么一些学校和教师对违规补课如此乐此不疲？除了应试教育大环境下为了成绩不得不为之，或者家长没有时间陪伴学生等原因外，还有一个不能忽视的事实——违规补课背后的利益取向。补课费用俨然成了人人都想窃而取之的"蛋糕"。据相关调查，暑期补课从学生身上收取的费用，从几百元到数千元不等，有些发达地区竟然高达上万元。利益驱动，是一些学校和教师即使面临被公开、被警告、被惩处、被开除的风险，仍然执迷不悟的重要原因。

暑期违规补课，不仅加重了学生的身心负担，同时也导致了许多不正之风。比如，不少学校假期把课堂搬到了教育机构讲授新课，并且明确开学后，不再讲授暑期补课的内容。或者有些教师平时在课上"留一手"，有些难以理解的知识点放到私下补课时"开小灶"。类似情况，明显与校风师德相违背。

当前，补课难消，有复杂的社会因素。作为学校，该做的不是随波逐流，而是首先应当坚持科学育人，严守师德底线，认真落实教育主管部门的"禁补令"，尤其学校领导更要以身作则。其次在相关部门指导下，下大力气研究如何与社会教育、家庭教育配合，丰富学生的暑期生活。

SHI PING XIN SHU | 时评新述

学校是教书育人的场所，甚至还应有联系家长社区、培育良好社会文化的功能。本文提出，学校责任失守助长补课歪风，不仅加重了学生的身心负担，也导致了许多不正之风。近年来，虽然严禁学校教师参与有偿补习，但实际上这一现象并未完全消除。目前"双减"政策发布之后，各地各校积极贯彻落实，许多违规补习的情况大幅减少，逐步形成良好的教育生态。

回归育人初心方能上好体育课

据媒体报道，有调查发现，随着教育部门对上好体育课的要求越来越严，中小学体育课被挤占的问题已得到很大缓解，但如何才算上好体育课成了难题：如果体育课不列入考试，容易变成"走形式"；一旦列入考试，被重视的同时又大概率成为应试课程。体育跟着考试走，还是跟着兴趣走？两者似乎成了一对不可调和的矛盾。

对于体育课的价值取向，其实不能人为地把考试和兴趣对立起来。学校体育课开设的出发点，是让每名学生掌握1—2项运动技能，形成爱运动的习惯，即通过"五育并举"，培养德智体美劳全面发展的社会主义建设者和接班人。

长期以来，由于中小学过度重视考试，在一些地方，体育课、美术课、音乐课等"副科"存在边缘化、弱化的现象，语数外等挤占体育课的情况也时有发生。由此所带来的，是中小学"小胖墩""近视眼"等现象愈发明显。为解决这些问题，近年来国家加大了对中小学体育的重视程度，出台了一系列有关政策文件，采取了"每天锻炼一小时"、校园足球项目等措施。从政策实施效果来看，总体上发挥了应有的作用，学生身体素质得到明显改善和提升。有数据显示，2018年，全国学生体质达标测试合格率为91.91%。2016—2018年，

本文发表于《中国教育报》2020年9月18日。

全国学生体质健康状况呈现"逐步提升"趋势。

不可否认，由于考试评价的导向作用，一些中小学的确存在体育应试化倾向。考试考什么，学校就教什么，孩子就学什么。有些家长为了让孩子体育得满分，不惜重金送孩子到专门培训机构进行训练。功利主义的价值取向，反而让许多学生额外增加了学习负担，高强度的训练甚至导致学生丧失了对体育的兴趣。某种程度上讲，体育应试化违背了体育课开设的初衷。不过不能因为部分基层学校出现的体育应试倾向，就否认体育考试甚至体育本身的价值。

兴趣是最好的老师，也是最好的学习动力。实践表明，但凡是学生所爱好的、感兴趣的，通常就会学得快；而学生不感兴趣的，往往学习效果一般。从这个角度看，对于体育教学，学校要尽可能丰富教学内容，创新教学方式，为学生提供学习所需。同时，家庭和社会也要积极配合，共同努力营造良好的体育运动氛围，引导学生增强健康意识，培养体育爱好，形成良好的运动习惯。

体育考试和体育兴趣并非一对矛盾。如果体育教学和考试组织得好，完全可以通过考试促进学生兴趣的培养。反过来，运动兴趣的养成，也能促进学生考试成绩的提升。从考试角度看，不一定要测试学校开设的每一项运动，但可以开展一些与体能相关的跑步、跳远、仰卧起坐等常规性项目，并给学生提供相应的选择空间。对大部分学生来说，这是可以接受的，也是相对公平的。对于极少数由于身体因素不适宜运动的学生，也要有相应的政策保障。

体育课的开展，本身绝不是为了考试和分数，其最终目的在于促进每个学生的健康成长。对于"体育课究竟跟着应试走还是兴趣走"这一问题，学校只有回归育人初心，回归教育本质，牢记为党育人、为国育才使命，才能笃定方向，才能培养更多的时代新人。

时评新述

　　体育是"五育"的重要组成部分，在"五育"中具有基础性、保障性作用。以应试教育为主导的教育教学过于注重智育，体育并没有得到很好的重视。近年来许多地方把体育纳入中考甚至高考，但又担心体育会和智育一样趋于功利化。本文提出，体育考试和体育兴趣并非一对矛盾。如果体育教学和考试组织得好，完全可以通过考试促进学生兴趣的培养。目前，国家对于体育更加重视，根据教育部发布的最新数据，虽然总体上中小学生体质健康达标优良率仍不容乐观，但从发展态势来看持续向上向好。

"麻雀学校"开得起来更要办得下去

9月1日,湖北恩施龙凤镇大龙潭村杉树湾教学点的谢世魁老师给学生刘欣怡上课。当日是开学第一天,在恩施土家族苗族自治州的大山里,这个只有一位老师和一名学生的教学点迎来新学期,6岁新生刘欣怡在这所空旷的学校开始了一年级的学习生活。

"两个人的学校"应是中国人数最少的学校了,它的存在具有一定的合理性。自2012年9月国务院办公厅下发《关于规范农村义务教育学校布局调整的意见》以来,我国保留和恢复了一些人数较少的"麻雀小学",这类学校一般只有几位教师、十几名或数十名学生,甚至只有一两位教师和几名学生。"麻雀小学"是撤还是留,曾经一度考验着地方政府和教育主管部门。而从目前来看,我国义务教育布局调整已日趋理性,那些特别偏远地区的教学点都保留了下来,对一些学校还进行了恢复。笔者以为,"两个人的学校"的开学,反映了教育的人性关怀和对山村文明的坚守。

在城镇化的进程中,越来越多的农村子女跟随父母到城镇上学。在城市学校人满为患、不堪重负的局面下,农村学校生源越来越少,因此对一些农村学校,在充分论证的前提下适当撤点并校,具有一定的必要性,这也是优化教育资源、提高办学质量的有效方式。但十年

本文发表于《中国教育报》2014年9月8日。

布局调整也出现一些问题。尤其对于一些偏远山区的家庭来说，直接造成诸如经济、安全、交通等一系列问题。"麻雀学校"的保留或恢复可以最大限度地减轻农村家庭负担，降低求学途中的安全风险。

国家政策的调适和规范，成效是非常明显的。"麻雀学校"能开办起来，就是有力的证明。但是，有些地方由于财政困难或领导认识问题，觉得这类学校实在没有保留的必要，但迫于国家政策的压力和老百姓日渐增强的维权意识，又不敢强拆强并，于是对"麻雀学校"采取消极不作为的态度。因此，相比"麻雀学校"开得起来，笔者更关注这类学校能否办得下去。

且不说"麻雀学校"对于农村文明传承的价值和意义，仅就实现义务教育均衡发展和办人民满意的教育而言，对这类学校就应该加以重视。从笔者所了解的一些情况来看，"麻雀学校"还存在诸多办学方面的困难，如基础建设、教学设备、师资条件等都存在很大问题。就生均公用经费使用而言，目前的教育投入是基于"按人头拨款"。对于人数较多的学校，这些经费基本够用，但对于学生人数偏少的乡村学校尤其是"麻雀学校"，则显得捉襟见肘，甚至办学难以为继。

笔者认为，对于"麻雀学校"这类偏远的山区学校，哪怕只是"两个人的学校"，只要有存在的合理性和必要性，就应该保留。而且，在办学过程中，政府要加大倾斜力度，保障学校顺利运转，不仅要开得起来，更要办得下去。

SHI PING XIN SHU | 时评新述

乡村学校不能仅仅只是从经济上做考量，而是要系统考虑乡村振兴战略背景下这类学校更大的社会意义和文化价值。

不批评不是尽责老师

由于种种原因，如今有越来越多的教师不仅不能惩戒学生，甚至不愿批评学生。加强立法保障教师正当的教育惩戒权，无疑是当务之急。但笔者以为，除了加强政策和制度保障外，教师也要充分发挥育人的主动性和创造性。

事实上，2009年教育部印发的《中小学班主任工作规定》第十六条明确规定：班主任在日常教育教学管理中，有采取适当方式对学生进行批评教育的权利。因此，在抱怨学生难管、家长难缠的同时，教师自己也要反思，是否行使和履行了自己最基本的权利和义务？

毋庸置疑的是，我国教育生态变得越来越复杂，学校教育似乎已容不下一声批评。但凡稍有经验的教师都知道，学校领导希望学生们取得好的成绩，更希望班级不出事，家长不闹事，而一旦有事，常常归因于教师的管理不善；家长们希望自己的孩子健康成长，但有些家长却生怕孩子受了委屈，甚至在学生面前诋毁教师，以至于学生自以为是，难以管教。这些因素直接导致了许多教师不想、不愿也不敢多管学生。

然而，这些并不能成为教师不作为的挡箭牌。师者，传道授业解惑。在中国传统文化中，传道是摆在第一位的，也就是所谓的育人功

本文发表于《中国教育报》2016年5月25日。

能。仅仅是授业解惑而无传道，教育肯定是不完整的，也势必背离立德树人的教育本质。从另一层面说，正是因为教育环境的复杂性，才更需要教师发挥专业优势，让孩子们健康成长。

笔者以为，大部分家长反对的是给孩子造成身心伤害的惩戒手段，学生们反感的是教师粗暴野蛮或一味说教的教育方式。在学生成长过程中，倘若教师能够晓之以理、动之以情、言之有据，相信绝大部分家长和学生都能接受。因此，在面对复杂的教育问题时，教师要主动和创造性地对学生开展批评教育。所谓主动性，表现为教师敢于直面各种教育现象，不回避各种棘手的教育问题，对学生进行规劝引导；所谓创造性，表现为在坚持原则的前提下，教师采取有助于问题解决的方法，达到育人的目的。在我国大力推进教育现代化的征程中，一名合格的人民教师不仅要有担当的精神，也要有创新的意识。

总之，批评教育是学校教育的重要组成部分，不应该成雷区。我国教育制度固然要进一步完善，学校要成为教师工作的坚强后盾，家长和社会也要多些理解支持，但最重要的是，教师要勇于担责，积极作为，并主动地、创造性地开展育人工作。

SHI PING XIN SHU | 时评新述

由于部分家长过度维权，教师越来越不敢批评学生，这其实也是一种误区。本文提出，批评教育是学校教育的重要组成部分，不应该成雷区。2021年3月起教育部颁布的《中小学教育惩戒规则（试行）》施行，进一步明确了惩戒的标准和依据，中小学教师批评学生有了更多的权益保障。在面对复杂的教育问题时，教师要主动和创造性地对学生开展批评教育。

"连坐"惩戒不合法也不合理

近日,安徽某学校一名12岁的小学生因犯错被罚站。烈日下,支教的湖北经济学院大学生代课老师陪他一同在操场接受处罚,意图通过"连坐"这一教育方式,让学生知错。这在网络上引起了热议。

应该肯定的是,该大学生代课教师的出发点是好的,其目的是让学生在道德上受到自责、心理上受到感化,通过道德上、心理上的影响,帮助学生自觉纠正学习的态度和行为。前段时间湖南某一农村学校的校长给学生下跪,以此来感化和教育学生。两者有相似的地方,都是通过教师的自责和自我惩罚来唤起学生读书的意志或改正缺点的决心。但是,这两起教育行为在方式的选择和效果的预期上,可能还值得商榷。

学生犯了错误,采用适当的惩罚措施对其进行教育,这本无可厚非。但是,我们绝不主张体罚学生。我国《义务教育法》第二十九条规定,禁止体罚和变相体罚学生。

"连坐"惩戒,不仅体罚了学生,同时教师也一并受到近乎自虐式的惩罚。这样的惩罚方式,很有可能会引起学生情感上的内疚自责,而事实上教师让自己罚站并非学生犯错导致的。试想如果这次不是罚站,而是教师打了学生一巴掌,然后给了自己一巴掌,我们还会认为老师用心良苦吗?多数人可能会认为是"变态"。而未成年人遇

本文发表于《中国教育报》2013年7月19日。

到这样的事情，首先感受到的是害怕，而不是愧疚。其实，这样的"连坐"也是一种变相体罚。

抛开法律，单纯从教育教学规律和学生身心发展规律来看，这样一种做法，可能会起到一定的作用，但也可能适得其反。根据皮亚杰的儿童道德发展理论，被罚的 12 岁学生已经处于自律道德阶段，有了自己的价值评判标准。也就是说，对该学生实施教育的目的在于让他明白道理，能够在认识到自己错误的前提下端正自己的态度，改正自己的行为。

对于那些自律性强，偶尔犯错误的学生来说，通过这样一种教育方式，可以让他们意识到自己的错误可能伤害到老师，从而加强自律，自觉地改正错误。但是对于那些自律性差的学生来说，可能会造成他们的双重困境。一方面，他们内心会认识到自己的错误，更会内疚于教师的"连坐"；但另一方面，他们又不能约束好自己，从而加重了心理负担。长此以往，他们会感到孤立无援，陷入两难境地。

其实，学生犯些小错误并不可怕。犯了错误，有所惩罚也在情理之中。而作为教师，就应该帮助学生找到问题产生的原因和解决问题的方法。"连坐"看似对学生心灵的冲击比较大，但动辄上升到道德的层面，对于小学生来说，可能会适得其反。久而久之，甚至导致另外一种冷漠的出现，即学生无视跟自己一起受罚的老师。

SHI PING XIN SHU 时评新述

适当惩戒是教育教学中引导学生改过向善的重要手段，但如何把握惩戒的度，如何创新惩戒的方式方法，是需要深入研究并在实践中不断反思的问题。

处理师生冲突不可过分袒护学生

据媒体报道,近日长沙某学校两个班级学生发生冲突,原本前去调解的老师却因直接参与斗殴而被辞退。这条新闻在网络上引起热议,很多网友认为对老师的处罚过重,并担心从此再无老师在面对突发事件时勇于承担责任。

笔者以为,网友们的担心并非没有道理。在这起事件中,大家讨论的焦点已不再是校园暴力本身,还包括校园暴力的处理方式和影响。尤其值得探讨的是,在这个过程中,教师应扮演怎样的角色。

诚然,教师参与调解是为师者的本分,但若参与学生之间的斗殴,肯定是触碰了底线。教师的不理智不仅不利于事情的解决,还会进一步激化矛盾。这样的负面例子很多,轻者影响师生关系,重者酿成许多无法挽回的悲剧。因此,作为教师,在面对校园暴力时,把握好"度"非常重要。倘若视而不见或听而不闻,那么教师作为教育者的角色何以体现?但若无意间被卷入斗殴,教师自身的安全和权益又何以得到保障?

目前,因学生冲突而引发的校园安全问题,俨然成了教师班级管理中不敢触碰的一个"雷区",导致很多学校和教师对学生采取放任的方式,学生学不学习、长不长进倒是其次,关键是学生在学校不出

本文发表于《中国教育报》2016年5月6日。

事、家长不闹事。但笔者担心，这样一种消极的教育心态对学校教育会造成深远的负面影响，恐怕不是教育行政部门、学校和家长所乐意看到的。

我们不得不反思当下一些学校的办学理念。可以说，教育改革的初衷往往是好的，如强调学生本位、以学生为中心等，要不断发挥学生在教育中的主动性和创造性。但令人担忧的是，在强调学生为中心的同时，学校和教师正当的惩戒权在一点点地被剥夺。学生过于以自我为中心，极易导致学生之间冲突的频发。这起教育事件就是一个典型的校园暴力事件。不同的是，教师参与了调解，并直接被卷入这场"战斗"。

平心而论，在该事件中，教师没有作为旁观者，主动勇敢地参与调解，本身值得肯定。但僭越了界限，不小心成了"参与者"，令人非常遗憾。教师最终被辞退，显得过于草率或严厉。恐怕当事老师事先也没能想到会有这样的后果。

针对这样一种情况，笔者特意查了学校的背景。原来这是一所从事中等教育的民办学校，主要培养中等技术人才和普通高中学生，发生冲突的就是该校高一和高三两个班的学生。了解了这个背景，对学校的处理方式就不难理解了。由此可见，民办学校教师的职业保障仍然令人担忧。因此，这起教育事件的发生，不仅要引起对校园暴力、教师角色以及学校治理方式的思考，也要引起对民办学校教师权益的再度关注。

总之，校园暴力问题引起广泛的讨论，本身就说明了学校在治理和文化建设方面还有许多改进的空间，要进一步引起教育管理部门的重视。笔者以为，针对校园暴力及安全教育问题，在保障未成年人权益的同时，也要充分保障教师的权利。

SHI PING XIN SHU | 时评新述

　　以学生为中心，是我们教育发展所遵循的理念。然而，在师生发生冲突时，如何保障教师的权益，是一个非常现实的问题。本文提出，在面对冲突时，教师没有作为旁观者，主动勇敢地参与调解，本身值得肯定。但遗憾的是僭越了界限，不小心成了"参与者"。而教师最终被辞退，显得过于草率或严厉。值得注意的是，在教育中过分地强调以学生为中心，而忽视对教师权益的保护，从长远来看，显然不利于教育的发展。

不当教育惩戒学校管理也有责任

近日,有网友爆料"8岁男孩因犯错被逼向全班下跪",并贴出男孩面朝同学跪在讲台旁的照片。经调查,下跪男孩为四川省资阳市安岳县两板桥九义校三年级学生。此事件经媒体报道后引发了舆论的广泛关注。此次事件中,教师和学校到底有哪些责任?面对犯错的学生,教师该不该惩戒?又该如何惩戒?

8岁小孩犯错,教师令其当全班面下跪。就这起教学事件而言,教师体罚学生固然有教育方式不当之过,但笔者以为,在这起事件上,作为教师所在的学校,常规教学管理也存在疏忽,同样难辞其咎。

事实上,教师并不是作为单独的个体而存在,有其所处的学校环境。通常来看,如果一个学校氛围好,办学规范,管理科学,重视人文关怀,教师们有一个好的工作和生活环境,那么,相对来说,类似体罚学生违背师德师风的行为,就会减少或者根本难以发生。反之,在一个功利的学校环境下,一味追求成绩分数,种种不当考评排名,甚至和教师的待遇绩效挂钩,或者即便发生体罚事件,学校对教师的惩戒行为也置若罔闻,那么,出现类似的教学事件,就不足为怪了。因此,声讨和批判教师不当的教育惩戒,不应撇开学校环境和教

本文发表于《中国教育报》2014年10月1日。

学管理。

具体来看，在这起事件中，学校管理可能存在以下的疏漏：一是从观念上来看，并没有在全校教师中培育和践行以人为本、立德树人的理念。虽然只是小学，但是仍然把分数成绩作为最重要的价值追求。二是从制度上来讲，学校没有认真学习和落实国家和教育主管部门有关"加强师德师风建设"的文件精神，没有形成所在学校的教学管理制度和办法，缺乏对教师正确教育方式的规范和引导，尤其没有对不当教育惩戒做出相应的规定和要求，从而丧失了对教师日常教学行为的规制和监管。三是从文化上来论，整个学校没有形成人性化的育人环境，缺乏对生命应有的尊重，相应也缺少了真正的教育情怀，把生命教育当成了功利教育。如果以上几点推断属实或者基本属实的话，那教师其实也是不良学校管理下的牺牲品，由此追究学校管理失位、失职的责任，一点儿也不为过。

当然，我们探讨学校管理在这起事件中可能存在的责任，并不是说肇始的教师就没有责任，或者说我们整个大的教育体系和制度就没有问题。但笔者以为，在类似教育惩戒的教学情境中，国家宏观的政策引导很重要，教师个体的自觉自律很关键，而学校管理的规范科学，却最为根本。因为学校作为教育中的一个基本组织，如果说整体环境不可控，大的改革需要时日，但恰恰中观层面的学校管理，是能有所作为的。具体到教师不当教育惩戒上，如果学校管理在观念上坚持以生为本，在制度上重视师德师风建设，在文化上追求人文关怀，并真正落实在教学常规中，还有可能反复出现恶性教育惩戒的荒谬之举吗？

笔者以为，如果主观臆断，硬是把这起教师惩戒事件的责任，强制归因到学校管理的不当，也多少有点儿偏颇或牵强。在教育综合改革大的背景下，不妨把学校管理作为一个视角，来审视频繁的、不当的教育惩戒，应该有其可以思考的意义和价值。

SHI PING XIN SHU | 时评新述

学校是实施教育教学的基本单位，对于落实国家政策、引导教师发展、促进学生健康成长具有非常重要的作用。出现了不当惩戒的问题，学校是不是也有相应的责任呢？本文提出，对于教育惩戒问题，国家宏观的政策引导很重要，教师个体的自觉自律很关键，而学校管理的规范科学，却最为根本。从长期对一线学校的观察来看，越是办学规范的学校，越能够遵守规律，越能够落实以人为本的理念，越能够营造良好的校园文化氛围。

"校长下跪"是教育大爱情怀

近日,媒体热议湖南怀化芷江杨公庙学校校长杨文军下跪事件。据说5月2日课间操时间,校长杨文军突然跪倒在全校700多名学生面前,流着泪劝学生们要好好读书。对这一新闻事件,网络上众说纷纭,同情有之,赞赏有之,批评亦有之。

从大众的评议来看,作为学校的领导者、象征者,校长应该是师生心中的楷模、权威和旗帜。校长下跪,不仅降低了校长在师生心目的地位,而且直接导致楷模、权威、旗帜的美好形象瓦解。最关键的是,"校长下跪",很多人觉得并不能唤起学生情感价值观上的共鸣,甚至还会认为这是校长"无能"的表现。笔者以为,类似评价有失公允。

关于"校长下跪"的动机,当记者问及这一话题时,校长回答是在尝试一种新颖的教育方式,想通过这样一种方式引起学生内心的情感共鸣,来唤醒学生对学习和生活的热爱。笔者不由想起我国著名教育家徐特立同志的壮举,当年他为了唤醒学生的爱国主义热情,在演讲中毅然"削指明誓"。这在今天看来同样是"极端"的行为,却教育了一批又一批的革命青年。毛泽东给徐老60岁寿辰时题词写道:你是我二十年前的先生,你现在仍然是我的先生,你将来必定还是我的先生。

本文发表于《现代教育报》2013年5月29日,标题有改动。

徐特立的"削指",常人很难理解;"校长下跪",也同样出人意料。"男儿膝下有黄金",这是老祖宗留下的格言。通常,即便作为普通人,都不会轻易向人下跪,何况一所学校的堂堂校长?只能说,杨校长对教育有一种深爱,对学生有一份大爱。这不是"无能"的表现,正是"勇敢"的表征。

"校长下跪",与其说是一次情感教育实验,不如说是一种无奈背后的控诉。我们不能简单地归因于学校教育教学方法的失当,而更多应该审视教育之外的原因。值得我们警醒的是:作为一所中西部的乡村学校,是什么原因造成学生如此厌学?我们又该如何去关心这些留守孩子的发展?或许,我们应该进一步从财政投入、师资队伍、智力支援等方面去帮助这些乡村学校,去帮助这些孩子。而一味批评"校长下跪",或者传为笑谈,不仅是对校长教育大爱情怀的亵渎,也无益于教育改革的推进。

SHI PING XIN SHU | 时评新述

校长是办好一所学校的主体,是学校的第一负责人,校长的一言一行对学校发展、学生成长具有非常重要的作用。对于一些校长的极端做法,社会上产生了许多不同的意见。本文提出,"下跪校长"是对教育有一种深爱,对学生有一份大爱,值得尊敬。但同时我们也要审视校长下跪背后的原因。在推进教育现代化的进程中,除了进一步发挥校长的作用外,还需要重点关注贫困偏远地区乡村中小学的发展问题。

招生诈骗频发，大学也要长心眼

近日，20多名学生各交15万元"就读"武汉大学四年，临毕业时竟发现自己没有学籍。报警之后，武汉大学党委宣传部就此问题作了正式回应：这是一起盗用武大名义进行的招生诈骗事件。据最新报道，武汉大学相关负责人表示，不排除学校内部员工参与骗局之中。据学生反映，其他学校也有此类情况。

由于该起案件还在调查之中，和武汉大学究竟有没有关系，或者多大程度存在关系，笔者不便贸然揣测。但此类事件不只发生在武汉大学，据爆料，其他高校也存在类似诈骗，应是不容置疑的。

其实，从新闻报道来看，无论是学生、家长，还是学校教师或管理人员，只要在招生、军训、教学、住宿等任何一个环节多留个心眼，犯罪分子便很难有可乘之机。那么，盗用名校进行的招生诈骗为何屡屡得逞呢？这主要是因为部分家长抱有侥幸心理，认为花点儿钱，找找关系，就能够上名校。名校光环，让家长和学生丧失了最基本的判断力。犯罪分子正是深谙家长望子成龙、望女成凤的心理，才钻了空子。

笔者以为，在这起招生诈骗事件中，大学的管理也存在一定的问题。从近几年发生的类似案例来看，主要表现在以下两个方面：

本文发表于《中国教育报》2015年5月27日。

一是大学极个别的内部人员为了牟取一己之私，利用岗位之便或借熟悉学校情况之机，直接进行权钱交易，或者伙同诈骗招生；二是许多高校开展的在职教育、继续教育、网络教育，也给了违法分子犯罪的空间。但是，不管是哪种方式，相关高校都脱不了干系。俗话说，苍蝇不叮无缝的蛋。正是大学的治理体系和治理能力存在问题，才会导致一起又一起的骗局和悲剧发生。试想，如果在招生报名的时候，大学严格把关，这些学生也很难混进学校；如果在培养过程中，学校管理人员或教师多一分警惕，也不至于等这些孩子到了大四才发现被诈骗了。

当前，我们教育领域提倡的依法治教、依法行政和依法治校，其本质就是要规范办学行为，按照教育相关法律法规进行招生、培养和就业。笔者以为，打着名校幌子欺诈事件的频发，实质上揭示了我们的大学还没有严格规范办学，没有依法行政，也没能实现真正意义上的依法治教。

基于此，笔者认为，防止招生欺骗，除了对家长、学生进行宣传和教育外，根本上还是要高校真正落实依法治教，规范办学。一是要在思想上加强认识，认真对待高考招生，对违法违纪的学校内部人员"零容忍"，一旦发现相关人员涉及或介入招生诈骗，坚决清除出学校教职工队伍，并严格追究相关人员的法律责任。二是提高学校行政人员或后勤人员的专业化水平，除了严格禁止违法违纪行为外，应要求其认真履职，绝不给违法人员以任何可乘之机。三是加大问责力度，建立多方监管防范机制。通过大学纪检部门定期检查、设立投诉渠道以及开放媒体网络等方式，让招生诈骗行为无立足之地。

总之，面对借重点大学之名的招生欺诈，高校只有从源头上构筑"防火墙"，在过程中搭建"立体网"，才能把各种违法乱纪的危害消弭于无形。值得注意的是，在我们讨论发生在名校的招生欺诈现象时，也要关注普通院校的招生状况，最大限度保证所有高校招生都能在阳光下进行。

SHI PING XIN SHU | 时评新述

　　招生是学校的重要工作，而招生诈骗事件的发生，学校很难说没有一点关系。特别是借重点大学之名的招生欺诈，暴露了学校管理中的漏洞。本文提出，防止招生欺骗，除了对家长、学生进行宣传和教育外，根本上还是要高校真正落实依法治教，规范办学。总体上看，随着自媒体的日渐发达和学校管理的进一步规范，招生诈骗事件已经逐年减少，但是类似问题和现象，还是在以不同形式发生。因此，从高校本身来看，还要进一步加强规范管理，杜绝招生诈骗现象的发生。

贫困生演讲"比穷"有违助学伦理

近日,沈阳大学某学院要求贫困生演讲"比穷",得票最高者可获助学金,引发各界热议。"本来不想让大家知道家里困难,可这样一来全班都知道了。说是为了公平,可让我们当众'揭伤疤',这对我们公平吗?"该院学生小刘自从在同学面前讲了自己羞于启齿的家境后,常常觉得抬不起头来。笔者以为,这种看似"公平"的助学方式,实则违背了最基本的助学伦理。

高校助学金制度,是我国家庭困难学生资助体系的重要组成部分,旨在帮助贫困学生,不让一名学生因家庭经济困难而辍学。自2007年5月新的高校资助政策实施以来,许多贫困大学生都获得了助学金。从2010年秋季学期起,教育部、财政部又将平均资助标准由年生均2000元上调至3000元。此项政策惠及430多万名高校家庭经济困难学生,基本上实现了不让一名大学生因贫困而失学的初衷。

诚然,从助学金实际运作来看,我们有数百万的贫困学子受到了资助,但也不乏有些申请到助学金的"贫困"大学生,用助学金购买奢侈品,也还有不少真正贫困的大学生,因未能获得助学金,生活非常拮据。从每年申请的情况来看,通常申请助学金的学生要

本文发表于《中国教育报》2013年10月19日。

远远高于所能提供名额的比例。据统计，家庭经济困难学生约占高校在校学生总数的20%，而获得国家助学贷款的尚达不到这个比例。因此，如何实现公平、公正，就成了困扰高校管理者的一大难题。

贫困生助学金的发放，具体到学校操作层面，不可避免就面临着许多困难和问题。比如说，如何界定贫困生标准？如何才能做到真正意义上的公平？对于实施的高校管理者来说，这无疑是一件非常棘手的事情。因此，不免出现许多千奇百怪的"遴选"贫困生的办法。演讲"比穷"即是其中一种。这些不当现象都是我们亟须改进的问题。

就贫困生演讲"比穷"方式而言，它的出发点是基于公平，但结果背道而驰，严重伤害了学生的自尊。客观来说，助学金的实质，是通过国家帮扶的形式，资助那些家庭真正贫困的学子。它不同于奖学金，更不等于人人都可以获得的"香饽饽"。无论是通过人情关系，或者是演讲"比穷"方式，都违背了助学伦理。这种现象，可能不只存在于沈阳大学，也可能存在于其他学校。

实际上，演讲被动"比穷"，和主动"炫富"一样，都有违基本的教育精神。在校园里，每一个同学之间，都是平等的。这种平等，不仅包括物质上的平等，更在于精神上的平等。演讲"比穷"，从物质上资助了学生，在精神上却伤害了学生。这种物质上的受益，仅仅止于大学学业生涯，但是精神上的伤害，可能会影响一生。

因此，好的制度设计必须恪守最基本的教育伦理。对贫困生的资助，高校管理者不能以想当然的逻辑进行操作。在社会征信制度有待完善和个人诚信意识需要加强的时候，高校管理者应该多下些功夫，如充分了解贫困生特点，深入学生中间，去学生宿舍走走看看，平日和学生多交谈聊天，尽量用多种方法综合考量。否则，在完全不知情的情况下,通过演讲"比穷"方式,选出来的贫困生既不符合实情,也伤害了更多真正贫困生的利益。

时评新述

助学金制度的设立,本意是帮助贫困生完成学业,不因贫困而失学。制度本意是好的,但该如何科学遴选出这部分学生呢?本文提出,就贫困生演讲"比穷"方式而言,它的出发点是基于公平,但结果背道而驰,严重伤害了学生的自尊。好的制度设计必须恪守最基本的教育伦理。现在,随着国家奖助贷勤补等各项制度的完善,绝大部分的大学生都能够顺利完成学业;而学校类似问题的处理,仍然要讲究科学的方法和策略。

"最严"教学新规不能止于惩罚

教师无特殊原因上课迟到或提前下课 5 分钟以上，属于Ⅲ级教学事故，扣一个月奖励性绩效工资 2000 多元；一年内累计 6 次视为一次Ⅰ级教学事故，扣发 6 个月奖励性绩效津贴 10000 多元，并取消两年内评优和申报高一级技术职务、管理职务的资格……近日，国内某大学出台的《教学事故认定与处理办法》，被称为该校史上控制教学事故的"最严"新规。

教学工作是学校教育的核心，直接影响学生的培养质量，并最终决定一所学校的教育质量。当前，高等教育已从以数量和规模为特征的外延式发展向以质量和公平为特征的内涵式发展转型，大学生就业问题也日益严峻，高校出台各项改革举措，重视教育教学质量的提升是大势所趋。但是一些教师上课迟到、早退等不良现象仍较为突出。因此，高校出台"最严"教学新规，我们完全可以理解。

然而，动辄以"最严"的制度对教学工作进行规制，是否有必要呢？在当前背景下，似乎能对一部分怠于教学的教师形成约束。但是，教学新规的出台，有无征求教师和学生的意见？究竟又是什么原因造成了高校教师疏于教学？如果没有对这些根本性问题的思考，恐怕无论怎样的处罚制度，都很难真正解决高校教学中存在的种种问题。

本文发表于《中国教育报》2015 年 1 月 13 日。

据笔者初步调查，我国许多高校除了基本教学工作量之外，教学课时费平均只有50—100元。别说出去讲课动辄上千元的高额经济回报，就是相比于科研奖励来说，教学也是一个许多教师不愿为之的工作。同时，再多的付出，对于评定职称来说都没有直接影响。酬劳低、付出多、回报少，成了高校教师不愿安心教学的根本原因。

当然，笔者并不是为高校教师不安于教学辩护。但一个不容忽视的事实是，从全国来看，高校教师尤其是青年教师，整体待遇普遍较低。如果不从提高青年教师待遇入手，不从改变高校教师评价体系入手，制度"再严"恐怕也难以起到应有的成效。防止"变坏"并不意味"变好"。教师可以不迟到、不早退，但在课堂上如果没有真正用心讲课，又如何能够确保教学质量？

一项制度的出台应是一个慎重的过程，如果强加式地进行约束，可能会引发教师的反感、抵触或者漠视。同时，也不能仅有"严罚"，还要有"重奖"，不仅要有物质的奖励，还要有精神的激励，乃至于在职称评定时，对于教学优秀的教师，也应做出一定倾斜。最终，让教师能够乐于教学，享受教学，如此才能从根本上改变当前的教学困境。

SHI PING XIN SHU | 时评新述

教学是学校的中心工作，无论如何强调都不为过。高校出台有关教学的规定，非常有必要，但程序要规范，做到奖罚分明。本文提出，高校出台"最严"教学新规，完全可以理解。但是，如果强加式地进行约束，可能会引发教师的反感、抵触或者漠视。同时，也不能仅有"严罚"，还要有"重奖"。从高校教学实际情况来看，相对于科研工作，对于教学的规范和奖励，还需要进一步加强。

"非升即走"制度应在争议中完善

因为之前签订的合同中规定"就职9年未评职称的老师必须离职",从2004年起任清华大学外文系讲师的方艳华以及微积分教师闫浩如今已到了"非升即走"的最后期限。他们一个转岗、一个离开,引发了学生们的挽留行动,几十封请愿书寄给了校方。据媒体报道,学生们希望将这两位"因全身心投入课堂教学导致科研成果不足"的老师继续留在清华大学的教学岗位上。此事在教育界引发热议:评价一位教师,学生的意见有多大分量?对高校教师来说,教学与科研孰轻孰重?此事对高校人事制度改革有怎样的样本意义?

"非升即走"(up-or-out)一词,源起于美国高校的终身教职制度。1915年,美国大学教授协会(AAUP)在成立之时发表了《关于学术自由和终身教职的原则声明》,提出建立终身教职制度。到20世纪60年代,这一规则在美国高校得到普遍使用。一般而言,终身轨教师两个任期内(3—7年)完成晋升,就可以获得终身教职。总体来看,"非升即走"政策对于激发教师学术潜能,提高学术质量,发挥了重要的作用。但即便在美国,也出现了"重科研轻教学"的倾向,受到了业界批评。

笔者以为,虽然方艳华老师未能在9年试用期内完成晋升,但是

本文发表于《中国教育报》2014年8月1日。

赢得了这么多学生的认同和请愿,在能否续聘问题上,学校应该予以考虑。"非升即走"政策,固然对学术场域内的从业人员有着甄别与选拔、监控和激励的作用,但是,在政策执行过程中,不应该一刀切,而是应该考虑多方意见,尤其是来自学生的声音。

高校教师考核,从来都不是一件容易的事情。因为高校教师既肩负着教书育人传承知识的职责,也还承担着探究新知创造知识的使命,甚至还要促进文化传播引领社会发展。单就教学和科研来说,孰轻孰重,在高校一直存有争议。由于从操作层面来说,教学质量不太好衡量,而知识创造只要通过成果发表就能显而易见,因此科研就成了高校教师考核的主要依据。这种衡量标准,如果僵化操作,显然有失偏颇。方艳华老师能够安心于教学,并获得学生的高度认可,本身就是对高校的贡献。

长期以来,我国高校人事制度以"身份管理"和"单位人"为特征,严重阻碍了人才的流动和学术质量的提升。因此,实行"非升即走"的高校教师制度改革,探索全面聘用合同制,从改革的方向上来说,这是好的,但也要提防唯科研取向。其实,在我国高校职称晋升中,还普遍存在名额限制问题,并不是申请的教师学术标准不够格,而是参评的人太多,名额太少,以至于许多青年教师学术方面即便再优秀,也未必能够获得晋升机会。

因此,对于"非升即走"的高校教师评价制度,还应该整体设计。一是要兼顾不同岗位的要求,不能一刀切,比如教学岗、行政岗的教师,就不能单纯以科研来衡量。二是续聘与否需要扩大评价的主体,不能单一化,其中学生满意度应该考虑进去。三是要扩大晋升的名额,以学术标准决定是否晋升,而非"僧多粥少"恶性竞争。否则,很难达到"非升即走"的初衷,甚至会导致"劣币驱逐良币"的现象频繁发生，并不利于学术的良性发展。

SHI PING XIN SHU | 时评新述

　　"非升即走"政策，来源于美国高校的科研人员聘用制度，一定程度上有助于提升科研人员学术产出。本文提出，政策在执行过程中，不应该"一刀切"，而应该考虑多方意见，尤其是来自学生的声音。这篇文章已经发表了几年，但类似的情景还在重演。2021年初复旦大学数学学院在教职员工续聘过程中，就酿成了令人痛惜的悲剧。对于从西方引进的"非升即走"制度，还要结合学校实际情况，营造一个既鼓励竞争又包容开放的学术环境。

学生喜欢的课堂就是好课堂

据媒体报道，如今的大学校园里，越来越多的95后大学生，开始青睐风趣幽默的老师。这些老师在传统授课的基础上，用"段子"和多样的互动形式赢得了"抬头率"。"段子式"课堂，难免引发大家的争议。

什么是好的"课堂"？从来都是仁者见仁智者见智。大学教学因学科知识、研究领域的不断分化，相对来说就更加难以界定。但倘若从"学生中心论"出发，从学生作为知识"客户"需求的角度来看，则应该是一种比较有说服力的视角。学生对课堂的满意度，至少在一定程度上反映了教师课堂教学的优劣高下。笔者以为，学生课堂是不是"段子式"并不重要，关键是学生喜欢不喜欢，接受不接受。再高深的理论，再阳春白雪的讲解，如果不为学生所接受，课堂价值也势必大打折扣。

教学有法，教无定法，这是教育界的基本共识。教学的方式因时代和对象的不同，自然也有差异。现在以95后为主体的大学生，思想开放，追求个性，而且在信息化为特征的自媒体时代，知识来源更加多元，教师的传授已不是唯一的来源渠道。与此同时，学生也热衷于表达自己的观点，他们不再拘泥于传统说教式的课堂，乐于追求思

本文发表于《中国教育报》2016年10月12日。

想上的解放和师生之间的平等对话，这就势必要求大学传统课堂做出相应变化。

那么，大学课堂究竟怎么改，怎样才能让95后的大学生买账？大学教育的作用是培养高层次的专业人才，在后大众化时代，大学教育还具有一定的基础性作用，即通过知识、方法、思维的传授，为学生接受更高层次的教学奠定良好的人文和科学基础。因此，提升学生对学科的认同、开拓学生的视野、引发学生求知的渴求，从而培养学生自我学习和终身学习的能力，应该说比单纯的知识传授更有意义。

笔者以为，大学课堂要不断求新，教师要与时俱进，不能再以传统眼光看课堂。"段子式"的授课固然是一种选择方式，但并不是所有老师都适用，也并非适应所有的课堂，而且应有一定的底线。这样一种教学形态的呈现和受大学生欢迎的程度，给大学教师提了个醒，就是要积极探索新的教育教学模式和方式方法。这应该成为一种新的时尚。

SHI PING XIN SHU | 时评新述

课堂是教育教学的主阵地，是传授知识、启发学生思维的重要场所。对于什么样的课堂是好的课堂，什么样的课是高质量的课，很难给出统一的界定。本文提出，学校课堂是不是"段子式"并不重要，重要的是学生喜欢和接受；教师要与时俱进，不能再以传统眼光看课堂。课堂教学，如何做到按照教学大纲完成预设目标，如何以通俗易懂、喜闻乐见的形式让学生接受，对于绝大部分教师来说，这些专业能力仍然需要不断提升。

网课，对低幼儿莫要"硬"来

为阻断新冠肺炎疫情向校园蔓延，确保广大师生身体健康和生命安全，今年学校都实行延期开学，部分地方陆续做出了"停课不停学"的工作安排，不少地方开始组织开展网络授课。由于涉及范围广，社会上对网络教学产生许多不同看法，特别是就低幼儿要不要上网课问题，争议较大。

总的来说，在这样一个特殊时期，网上教学具有非常重要的积极意义。近年来，互联网和教育的深度融合取得了巨大进展，特别在课程资源开发方面，能够提供丰富多样、可供选择、覆盖各地的优质网上教学资源。但除了资源和技术问题以外，对于小学低年级学生和幼儿园小朋友上不上网课问题，还应该有更全面的考量。

从教育教学的角度来看，好的教学，不仅要考虑课程设计的系统性和教材内容的科学性，更重要的是要遵循孩子们的身心成长规律。对于低幼儿，如果像大中学生那样坚持网络教学，姑且不论课程内容设计是否科学，就孩子接受能力来说，难以做到像大中学生那样学习系统化、日常化及学习任务的目标化。目前，教育部也已经提出"对小学低年级上网学习不做统一硬性要求、严禁幼儿园开展网上教学活动"。

本文发表于《环球时报》2020 年 2 月 13 日。

对于低幼儿来说，学习方式是以游戏和生活体验性学习为主。教师和家长重点要从小培养孩子的生活习惯和阅读习惯，呵护好孩子们的好奇心和想象力，引导他们在生活中学习，在游戏中感知，在体验中成长。比如这次疫情，就是很好的学习题材，可以正面引导孩子们热爱国家、崇尚科学，弘扬社会美德，加强生命教育、公共安全教育，以及掌握一些健康卫生知识和基本的生活技能。相形之下，现在一些网上课程，超越孩子认知阶段，只会加重孩子的学习负担，进而加深孩子对学习的畏难情绪和逆反心理。对此，我们一定要根据实际情况，全面考虑，谨慎对待。

SHI PING XIN SHU | 时评新述

信息技术作为一种媒介，在教育教学中发挥着越来越重要的作用，特别是在新冠肺炎疫情集中暴发期间，教育系统探索网课形式进行教育，一定程度上解决了"停课不停学"的问题。但对低幼儿来说，应不应该上网课呢？本文提出，疫情期间，除了资源和技术问题以外，对于小学低年级学生和幼儿园小朋友上不上网课问题，还应该有更全面的考量。随着防疫工作的常态化以及信息化的发展，在线教育越来越规范，也必将越来越普及，但对于低幼儿的在线教学要慎重，主要还是要以坚持游戏为主开展线下教学。

远程学历教育含金量不能缩水

据央广网报道，远程学历教育只要给钱，不上课也能拿学历，而知情人坦承，这已是业界公认的"潜规则"。笔者以为，远程学历教育畸形发展的现状，不能不引起我们的重视和警醒。

据笔者了解，媒体报道的上述情况，的确不同程度存在。正是在这样一种金钱和学历的交易驱动下，远程学历教育一度非常火爆。许多社会在职工作人员拿到了学历文凭，而高校和培训机构获得了相应的物质回报。

远程学历教育是我国高等教育体系的重要组成部分，在高等教育大众化过程中发挥了重要作用。从制度设计的初衷来看，是为了实现优质教育资源的共享，更大程度上满足人民群众对更高教育的需求。但发展到今天，远程学历教育在一定程度上变了味，成了金钱和文凭的交易。更让人震惊的是，这竟然成了一些人心照不宣的"潜规则"，使得远程学历教育的含金量大大缩水。

远程学历教育的异化，主要有三个方面的原因。一是高校放松了对远程学历教育质量的监管，许多规定和要求只是停留在文字上，私下发展了一大批负责招生的培训机构，变相出卖文凭。二是社会培训机构推波助澜。为了获得更多利益，一些培训机构通过公关，获得了

本文发表于《中国教育报》2016年2月6日，标题有改动。

高校的许多资源，包括招生许可、考试重点、试卷题目等，甚至能提供全方位的"服务"。三是用人机构仍对于远程学历教育同等认可，本来出于公平考虑是好事，但是在远程学历教育质量缩水的前提下，并没有采取相应措施。

目前，全国有68所经过教育部批准的高校开展这一项目，本专科远程学历教育在读学生人数超过了600万，由于缺乏自律和监管，将会严重稀释我国高等教育的质量。当前，我国高等教育已经由规模数量为特征的外延式发展，转向为以质量为核心的内涵式发展。许多高校或许并未意识到远程教育问题的严重性，不同高校之间或许也还存在差异，但是整体上远程学历教育质量下滑，课程造假和学历注水等，已是不可否认的客观事实。教育主管部门和高校要更加重视，加大监管力度。

笔者以为，教育发展到现阶段，在互联网、云计算和大数据蔚然成风的时代背景下，远程教育如何发展，或者以怎样一种形式和方式，更好地发挥远程教育的正向功能，推动继续教育转型，值得深入思考。

SHI PING XIN SHU | 时评新述

远程教育是我国继续教育的一种重要方式，是全日制教育的有益补充。本文提出，远程学历教育在一定程度上变了味，成了金钱和文凭的交易。更让人震惊的是，这竟然成了一些人心照不宣的"潜规则"，使得远程学历教育的含金量大大缩水。文章发表后，有远程教育机构单位的同行打来电话，咨询国家有关政策的走向。总体上看，远程教育培训还需要进一步规范，真正发挥应有的作用。

校车安全齐抓共管才能标本兼治

近日,湖南省湘潭市雨湖区响塘乡金桥村乐乐旺幼儿园所属园车,在送幼儿回家途中,不幸翻入水库,造成11人遇难,其中幼儿8名。这一事件,引发了社会各界热议,湖南省政府在第一时间就校车安全工作召开了电视电话会议,肇事幼儿园法定代表人和负责人被刑事拘留,部分遇难孩子家属已与政府签订赔偿协议。

虽然该起事件引起了社会关注、政府重视和法律问责,但令人痛心的是,校车安全问题往往要等到出事后才被大家所认识。更令人悲哀的是,我国校车悲剧在不断重演。可以说,近10年来,校车安全事故从未中断过。从2005年广东汕头5人死亡7人受伤,到2006年黑龙江哈尔滨双城8人死亡36人受伤,到2010年湖南衡阳14人死亡6人受伤,到2011年甘肃正宁20人死亡44人受伤,再到2014年湘潭的校车11人遇难。这一起起事故,承载了多少血与泪的教训。

从媒体报道的情况来看,校车安全事故发生主要有如下原因:一是路况差,驾驶人员安全意识淡薄;二是路途远,存在超载情况;三是成本低,校车质量无保障。除了这些因素,校车安全事故还存在两个方面的显著特征:一是主要发生在农村地区和城乡接合部;二是以幼儿园为主,这其中主要又是民办幼儿园。

本文发表于《中国教育报》2014年7月15日。

自 2012 年我国出台《校车安全管理条例》后，城市和城镇校车安全问题得到有效缓解，但是农村地区校车安全问题依然未能得到改观。究其原因，农村地区学生上学远、路况复杂，幼儿园多为走读，加上儿童年龄小抵抗风险能力弱等，导致安全事故频繁发生。但归根结底，还在于当地政府没有予以重视，未能进行有效扶持和监管。

安全是学校生存和发展的基石，校车安全必须作为学校的重要工作来抓，但事实上，又非教育部门一家可以完成。在笔者看来，校车安全只有齐抓共管，才能真正做到标本兼治。

一是严格执行校车安全标准。虽然我国相继出台了《专用校车安全标准》和《校车安全管理条例》，但由于未立法强制执行，许多农村地区的校车都用改装的三轮车、摩托车代替，或者租用私人的"黑车"，存在诸多安全隐患。相形之下，西方发达国家不仅对校车标准有明文规定，而且通过立法得以严格执行。据悉，美国最安全的交通工具便是校车，事故发生率是所有交通工具中最低的，百万公里事故发生率校车仅为 0.01，而同比火车为 0.04，飞机为 0.06，其他公路车辆为 0.96。因此，我国亟须为校车安全立法，严格落实校车标准，并认真执行相应配套措施。

二是建立校车安全协作机制。由于校车安全是一个系统工程，需要政府主导，教育、交通等部门齐抓共管，才能最大限度确保校车安全。政府不仅要从制度和法律层面予以监管和约束，而且要牵头组织交通和教育部门落实校车安全工作，包括校车的质量、驾驶员的资质、校车及路况的维护、学生安全教育等。同时，对于校车购置、运行和维修，要纳入公共财政范畴，设置校车专项基金。此外，校车安全工作，要与地方领导班子和领导干部政绩考核挂钩。否则，再多的标准和条例，也只能流于形式，难以从根本上消除校车安全隐患。

三是优化教育资源配置。校车安全事故频繁发生在农村地区、幼儿园和民办学校，直接反映出国家在农村教育、学前教育和民办教育上投入、扶持不足。以学前教育为例，虽然近年来公共财政投入大幅增加，从2008年的133亿元增长到2012年的748亿元，但即便如此，相对于教育总投入来说，微乎其微。由于区域差异、办学体制不同、投入模式不同，体现在资源配置上，农村教育、学前教育、民办教育长期以来是我国教育体系中的"弱势群体"，从根本上制约了农村教育、学前教育和民办教育的发展。校车安全问题没能解决，也就不足为怪了。因此，确保校车安全的重点还在优化教育资源配置，增加农村教育、学前教育投入，提高民办教育公共财政补助和专项奖励。

笔者以为，校车安全关系到学生的生命安全，关乎千万个家庭的幸福，如何重视都不为过。校车安全不仅是教育工作，也是社会问题，更是系统工程，需要政府牵头各个部门齐抓共管，才能标本兼治，最大限度确保学生的安全。

SHI PING XIN SHU | 时评新述

安全是学校生存和发展的基石，是学校的最重要工作，校长教师都要始终把孩子安全问题放在首位。校车安全必须作为学校的重要工作来抓。本文提出，校车安全，并非教育部门一家可以完成，只有齐抓共管，才能真正做到标本兼治。近年来，随着国家和各级政府的重视，校车安全问题总体上得到了有效缓解，但是学校管理中类似的问题，同样需要多方合作，协同解决。

"慕课"高辍学率亦不妨理性看待

"慕课"是近年来全球最火爆的一种线上学习方式，从2013年开始，我国许多高校相继开设了"慕课"课程。但据"2014年慕课学习者大调查"显示，近一年来，"慕课"的用户由13万增加至65万，但"辍学率"仍比较高。注册学生中，至少有一半不用慕课平台学习，用慕课平台学习的学生中只有一半能最终完成课程。

由此可见，"慕课"的学习成效似乎并不如想象的那么乐观。在"慕课"发源地美国，高辍学率也一直是"慕课"发展争议的焦点。据2013年发布的《"慕课"和开放教育：对高等教育的意义》白皮书显示，斯坦福大学、麻省理工学院、加州大学伯克利分校三所大学"慕课"的辍学率高达85%～90%。具体到"慕课"平台，Udacity（在线大学）平台注册学生中只有10%左右的成功率，其中一门"程序入门"的课程，尽管有60000名学生注册学习，但最后只有14%的通过率；而在Coursera（课程时代）平台学习"软件工程"的50000名学生中，只有7%完成了学习。在欧洲，"慕课"通过率最高的5个国家其实也并不高，比如希腊为13.6%，西班牙为13.1%，斯洛文尼亚为13.0%，德国为12.8%，捷克为10.1%。全球范围内，"慕课"获得证书的平均比率在4.3%。这和我国的调查情况相比，无

本文发表于《中国教育报》2014年9月23日。

论是辍学率,还是完成率或通过率,数据大体相仿。

出现这种情况,让我们不得不重新审视"慕课"的价值及其未来发展的可能。毫无疑问,在全球化、信息化、学习型社会等时代背景下,"慕课"对知识的获得、教学方式的变革,对教育质量的提高,甚至对未来大学组织的管理,都会发生深刻的影响。但是,面对如此高的辍学率,笔者以为,需要从三个方面进行思考。

坚信"慕课"代表了教育的未来方向。在信息化时代,尤其在大数据时代,作为一种大型网络开放课程,"慕课"具有革命性的意义。从 2011 年秋斯坦福大学教授赛巴斯汀·索恩新成立 Udacity 开始,短短不到一年的时间,美国形成了三大"慕课"平台——Udacity、Coursera、edX,三大课程提供商在互联网上提供免费的在线课程,短时间内有超过 1000000 人次的学习者加入"慕课",被誉为"印刷术发明以来教育最大的革新"的"慕课"一时席卷全球,盛况空前,许多"慕课"平台建立起来。比如,英国开放大学联合建立的 Futurelearn,欧洲十一个国家联合推出的 OpenupED,我国清华大学推出的全球首个中文"慕课"平台"学堂在线"等。这些"慕课"平台的建立,都充分表明了教育发展的趋势和方向。

"慕课"是一个不断发展的过程。作为一种大型的在线开放课程,"慕课"并不是单一的,而是一个集成概念,表现出很多的类型。大致来看,"慕课"可以分为 cMOOCs 和 xMOOCs 两种。第一种 cMOOCs 出现于 2008 年,主要基于关联主义教育理论,强调在网络学习中的联系、关联、建构等。尽管也运用技术手段,但是更侧重于参与者在学习中的交流和互动,先后出现了多种形式,统称为 cMOOCs。第二种 xMOOCs 出现在 2011 年,主要基于行为主义教育理论,强调运用现代化的技术手段和媒介,通过教材和视频等开展在线教学。比如时下流行的 Udacity、edX、Coursera 等，都属于 xMOOCs。也有国外学者认为，这种划分过于简单了。比如有学者把"慕课"分为转换型、创造型、系统型、同步型、适应型、团体型、联接式和微型 MOOCs。由此可见，作为一种网络开发课程的统称，"慕课"并非局限于某一课程模式或教学方式，而是一个不断发展的过程。

对"慕课"的发展要保持合理预期。且不说高辍学率，在"慕课"席卷全球的同时，美国就有批评者对"慕课"提出了质疑。2012 年是美国"慕课"元年，非常滑稽的是，2013 年在美国兴起了"反慕课"的思潮。根源就在于批评者认为目前流行的"慕课"课程实质上还是一种传统的课堂教学模式，只不过是搬上了网络而已，教育教学方式未能从根本上发生变革。即便从方式上进行修正完善，但是如何监测"慕课"的教学质量，能否大范围地引进学分认证和互认，都还需要进一步的研究和设计。此外，"慕课"的免费模式何以为继？如果没有政府或慈善机构的资助，免费模式的实施，只会让更多的高校望而却步或者保持观望。而一旦企业资本投入，那么，"慕课"的课程质量如何保证，又会成为新的问题。

总之，对于"慕课"的发展，既要看到它的存在价值和未来发展的空间，但同时也要正视发展过程中的问题。我们需要保持必要的理性和合理的预期，不断研究、完善、丰富"慕课"课程体系和技术手段，提供必要的经费和政策保障，如此，才能使其成为改善我国教学方式、提高教育质量的有效方式。

SHI PING XIN SHU | 时评新述

这是较早探讨"慕课"的一篇专业文章，该文发表后被许多学术论文引用，至今仍然具有一定的理论和实践指导意义。

"帮校长上头条"给谁敲了警钟

近日,就在国内某大学"空调门"事件闹得沸沸扬扬之时,该校学生又收到学院老师的口头通知,说今年奖学金名额将削减一半。因为这两起事件,许多学生对新校长上任以来的各种"新政"产生了不满。于是,他们连日在微博上频繁发布以"帮校长上头条"为关键词的帖子,质疑校方的系列做法。

"帮上头条"是时下娱乐界流行的一种炒作方式,不过对于高校管理者来说,学生兴师动众"帮校长上头条",显然并不是他们所愿意看到的。暂且不论"空调门""奖学金门"事件是否属实,仅就这种学生和高校管理者之间的沟通方式,本身就耐人寻味。

随着信息时代媒介的日渐发达,高校点滴事件都能迅速进入媒体和公众的视野。作为学校主体的学子,积极参与学校事务,维护正当权益,理应加以肯定。但是学子们运用微博"帮校长上头条"的方式却值得商榷。尤其在学校事务尚未真正核实的情况下,跟风起哄,反映了部分大学生主见的缺失,也给大学管理和声誉带来了负面影响。

大学生有朝气和创新意识,但同时不乏冲动的特质。作为大学管理者,应该尊重学生、理解学生,同时又要加以合理的引导。学校的重大事务,必须通过专门的委员会集体决策,尤其有关学生切身利益的事情,要尽可能邀请学生代表参与,而不能随便以通知形式下发就了事,更不能以行政逻辑"不交空调费用就毕不了业,评不了优"要

本文发表于《中国教育报》2014年4月22日。

挟。如此只会引起学生更多的误解和不满。

自 20 世纪 90 年代末大学扩招以来，无论是大学内部的规模、结构，还是所面临的外部社会环境，都发生了巨大变化。与此同时，今天大学生的维权意识也不可同日而语，高校管理者不能再以过去那种刚性的行政思维去管理大学。笔者以为，大学作为师生共同学习、研究和生活的场所，理应回归学术和学生本位。

从世界范围来看，学生参与高校事务管理，是西方发达国家大学治理的重要特征。学校重大决策不仅仅由校长和管理者说了算，也还需听取董事会成员、教师和学生们的看法。就我国而言，高校也在逐渐探索民主化、扁平化的治理方式。随着《国家中长期教育改革和改革规划纲要（2010—2020 年）》的颁布，大学去行政化日趋成为高等教育管理的共识，那种无视学生和教师权益、靠个别领导意志管理大学的时代已然一去不返。

笔者以为，作为新时期的大学生，应该积极参与学校事务，但也需注意方式，"帮校长上头条"这种盲目跟风的做法，显然不是理性维权。而作为高校的管理者，也应该充分尊重学生们的意见，任何一项学校政策的出台，都应该广泛征集意见，开诚布公。同时也要提高高校管理者队伍的专业化水平，树立服务意识，这样才能使校园事务获得学生更多的理解和支持。

SHI PING XIN SHU | 时评新述

大学的治理，是一个需要高度重视和认真研究的课题，特别是要结合时代的发展和学生的特点。这篇文章被评为《中国教育报》2014 年度"十大教育好声音"。十八届三中全会特别是十九届四中全会以后，随着国家提出并进一步推进治理体系和治理能力现代化，高校逐步实现了从管理向治理的转变。

军训少些娱乐化"创新"

据媒体报道,某高校军训开营仪式上,学生穿着统一设计的白T恤、黑裤子,很整齐。同时,为鼓励学生自我管理,军训中还有学生参与订立规章制度,如几点起床、几点熄灯,学生都有发言权。

在高校人才培养模式和教学模式整体变革的背景下,对军训的内容和形式进行一定程度的创新未尝不可,有助于充分发挥学生的主观能动性,凸显"以学生为中心",让军训变得更受欢迎和更有成效。但需要注意的是,在各种名目的"创新"下,也要谨防军训"缩水",以及可能随之产生的不良倾向。

综合媒体报道,并结合笔者观察,高校军训"缩水"问题并非个案。一些高校对军训的认识比较模糊,教学目标不明确,并没有上升到应有的高度去对待,有的甚至只是走走过场。一些学生也是态度敷衍,动辄请假不参与军训。

课程内容也存在简化问题。军训通常包括理论课程和实操训练,但一些高校根本就没有开设理论课程或者课时不足;而实操训练原本应持续2~3周,在有的高校也被压缩成1周。媒体报道中提到,在有的高校,所谓军训也就是走走正步、拉拉歌,甚至军训完毕,许多学生反映连枪都没有摸着,更别说军事战术等方面的学习了。在一

本文发表于《中国教育报》2015年9月17日。

些高校，军训达到一定天数后，学生们接受一下校领导带有"娱乐化"色彩的集体检阅，就草草过关了。校方并没有严格对课程目标、教学过程和学习效果作出评价。

笔者以为，作为教育主管部门规定的必修课，军训在培养大学生的国防意识、集体意识和军事素养等方面具有重要价值。"军"和"训"两个字，明白无误地表明了军训的特殊性和严肃性。它绝不是可有可无的选修课程，更不是供学生张扬个性的娱乐秀场。即便在和平时期，对高校学生进行一定的军事训练，提升学生吃苦耐劳的精神和团结合作的意识，也非常重要。因此，加强军训的严肃性，重申其价值，显得紧迫且必要。

作为军训的实施者，高校对课程的教学效果负有高度责任，要在思想上对军训高度重视，严格贯彻《普通高等学校军事课教学大纲》的要求，通过军训让学生掌握基本的军事理论和军事技能。此外，校方还要会同军事部门对课程进行周密设计。整个课程既要有军事理论学习，也要有军事技能训练，并建立和完善教材的编写和评审制度。

实际操作中，要对军训教官严格把关，并开展适当的教学培训，避免因方法不当与学生产生不必要的冲突。同时也不能存在要求过松、随意的情况，更要避免教学过程娱乐化的倾向。高校在创新教学方式方法、灵活变通的同时，切不可忘了军训的宗旨和目标。

SHI PING XIN SHU | 时评新述

作为教育主管部门规定的必修课，军训是国防教育的重要组成部分。在具体的军训中，既要创新形式方法，让更多的学生喜欢；更要严肃纪律要求，真正发挥军训的育人作用。

金钱铺就的转学捷径必须堵死

据新华社日前报道，湖南 2 名大学生各花费 4 万元"托人"转学至更好的学校，结果在转入学校上学后却因没有学籍而无法拿到毕业证，如今只得在家赋闲。经过记者深入调查，"金钱+关系"运作的转学"黑幕"被曝光。

显然，骗局的发生，源于家长和学生最初的投机心理，以为交点费用就可以就读更好的学校、更好的专业。据笔者了解，在每年高招录取期间，类似情况屡屡发生。许多中介打着"有熟人""关系硬"的幌子，诱惑家长先让学生以低分入读一所层次较低的院校，然后再想方设法运作到层次更高的学校和专业。虽然的确有些高校把关不严，让一些人钻了空子，但大部分最终是"竹篮打水一场空"。

家长想让孩子就读知名高校、心仪专业，这种心情可以理解，但是以不正当手段，靠转学的方式来实现，显然破坏了教育公平，对大的教育环境也造成了恶劣影响。相比于家长，中介人和其他中间操纵者，更应承担道义的谴责和法律的追究，倘若没有他们提供的所谓"机会"，就不会出现违规转学行为。当然，高校也必须承担失察之责，不能一推了之。

从我国现行的高考招生录取制度来看，高校都是按照分数高低和

本文发表于《中国教育报》2015 年 10 月 30 日。

志愿填报来录取学生，一般来说，录取的学校基本是固定的甚至是唯一的，很少会出现转学的情况。这种制度设计虽然存在固化的特点，但它起码能够保证绝大多数学生的正当权益。相形之下，通过权力寻租进行非法转学，损害了最基本的教育公平，对通过高考正式考取学校的学生来说是一种伤害。事实上，对转入高校来说，这些转学生的涌入，也影响了学校的教育教学质量和社会声誉。

国家给大学生转学留有的一定空间，显然不是留给高校赚取高额转读费的，更不是留给某些人用来谋取私利的，而是出于人性化的考虑，给患病或者存在特殊困难的学生以更合适的就读条件。2005年颁布的《普通高校学生管理规定》第十九条、第二十一条明确规定：学生一般应当在被录取学校完成学业。如患病或者确有特殊困难，无法继续在本校学习的，可以申请转学。但需经两校同意，由转出学校报所在地省级教育行政部门确认转学理由正当，可以办理转学手续。而跨省的更需转出地省级教育行政部门商转入地省级教育行政部门，按转学条件确认后办理转学手续。可见，转学本身只是照顾极少数患病或者有特殊困难的学生，而且有着非常严密的程序。这种制度设计，兼顾了稳定性和人性化，从目前来看，仍然是经得起考验的。

当然，从未来高考改革的走向来看，是否效仿西方教育发达国家，给予高校更多办学自主权，以及给学生自由选择学校和专业的权利，还需要相应的论证和试点。但仅就高校学生转学而言，即便是世界知名大学，也有相应制度。一般通过学生本人申请，符合转学的条件，且学生达到了相应的资质才能办理，并非是毫无规则的自由，更不是通过金钱和权力运作就能实现。

笔者以为，原本出于人性化考虑为患病或有特殊困难学生而设置的转学政策，却沦为了某些人权力寻租的工具，对此不能予以纵容。由"金钱和关系"铺就的转学捷径，破坏了教育公平，必须予以遏制，并严肃追究涉事者的法律责任。

时评新述

高考招生录取是非常严肃的事情，是我国广大学生改变命运的主要渠道，公平公正性是基本的前提。然而，也有极少数的群体通过不当操作，破坏了应有的教育公平。本文提出，通过权力寻租进行非法转学，损害了最基本的教育公平，对通过高考正式考取大学的学生来说是一种伤害。当然，从长远来看，高校之间能否实现自由畅通的转学，这取决于高等教育有关管理制度的改革创新，但前提是符合质量标准，确保公平公正公开。

与毕业生留影：校长不能缺席的一课

近日，"新东方"创始人之一徐小平先生发了一条微博，说的是四川大学校长谢和平院士今年坚持与每个毕业班全体学生合影的事情。徐小平更提到，川大今年毕业生上万人，谢校长照完合影大约需要一周的时间。笔者以为，谢校长的这一举措，不可谓不费时费力，但恰恰表明了大学对学生的重视，某种程度上也彰显了大学应有的人文生态。

长期以来，由于高等教育受到行政化和市场化的侵蚀，传统的象牙塔已经不复存在。尤其20世纪末我国高等教育扩招以来，伴随学生人数的急剧增长，大学校长的担子相应变得日趋繁重，很多校长忙于行政事务，无暇顾及学生，以至于绝大部分学生毕业时，对于校长的印象相当淡薄。不过，值得欣喜的是，当前越来越多的大学校长主动热情地参与到毕业生的各项活动中，充分反映了校长责任的回归。

其实，从前几年开始，以华中科技大学校长"根叔"毕业演讲为标志，大学校长的"亲民"路线受到了广大大学生的欢迎，并推而广之，"根叔体"旋风影响了我国许多大学校长的演讲致辞。同时，伴随着毕业演讲的"亲民"化、平实化，送别毕业生成了高校相当重要的庆典活动。越来越多的大学从观念、制度、行动上加强了对学生毕

本文发表于《中国教育报》2013年6月12日。

业工作的重视。许多大学校长不辞辛劳，主动和毕业班级甚至坚持和每一个毕业学生合影留念。

大学校长和毕业学生合影留念，对于学生而言，其意义远远超出了合影本身，更是寄托了对母校的一份最珍贵的情感。尤其在拍摄过程中，大学校长的叮嘱祝福、亲切关怀，对学生是一种无形的激励。校长走近学生，送别学生，与学生合影，在国外许多著名学府，是大学校长的本职所然，甚至是再寻常不过的事情，许多大学校长也乐于参加与毕业生相关的各项活动。

但是，在教育领域，也存在学校领导对毕业生合影留念敷衍塞责的情况。前段时间，在杭州一所职业学校就出现过学生毕业照领导不参加，留下空位等最后"PS"上去的丑剧。这样的作为，又怎么能够赢得学生的尊敬和对母校的好感呢？

相形之下，香港的高校普遍非常重视学生的毕业仪式。曾有记者问香港浸会大学的教师："那么多毕业生的学位证都要校长本人亲自去发，校长会不会累得手发酸呢？"该教师半开玩笑地说："学校发给他那么高的薪水，他怎么能连这点儿事都不干呢？"对大学生来讲，毕业时获得学位证书是自己大学生涯最重要的时刻，作为一校之长，此时怎么能够缺席？

当前，我们提倡教育家办学，不能仅体现在宏大的学校规划、硬件设施和师资队伍建设中，更应直接体现在对学生的关爱和重视上。当和毕业生留影时，校长乐于站成一桩"雕塑"，烈日下一站就是几小时，汗流浃背而不忘亲切关怀，不能不让人肃然起敬。合影的过程，其实也是和毕业生交流赠言的过程，心细的校长还会帮毕业生整理学位服，甚至摆正学位帽帽穗的位置。这一言一行，让学生铭感于心，并内化为对校长的敬、对母校的爱，进而转化到日后的工作和生活中去。

　　校长这一身份，追本溯源，从中世纪大学开始就具有象征者的意义。能够利用学生毕业这样一个机会，给学生毕业临别的祝福，是校长应有的责任。它的教育意义，和毕业典礼上的校长致辞一样，对毕业学生来说都是重要而珍贵的一课，甚至是学生一生引以为豪的财富。我们提倡更多的大学校长走近学生，握别学生，与学生合影，给毕业生最后的也是最好的留念。

SHI PING XIN SHU 时评新述

　　对于学生来说，毕业意味着一段学业的结束，将开启人生新的起点。毕业时能够与校长留影，是非常珍贵的记忆。本文提出，大学校长和毕业学生合影留念，对于学生而言，其意义远远超出了合影本身，更是寄托了对母校的一份最珍贵的情感。从高校的现实情况来看，每年学生毕业都会与校长或校领导合影，许多大学校长也都尽其所能，满足学生的要求。这两年因为疫情的影响，许多高校也都创新方式举办毕业典礼，充分体现了大学对于毕业生和校友工作的高度重视。

"战疫"是最生动的爱国主义教育

近日,北京等地高三年级迎来了复学。许多学校都以"战疫"为题材,给学生上了特别的开学第一课,或是开展成长礼活动,或是开展其他形式的爱国主义教育。"家国情怀""责任担当"等成为高三复学第一课的关键词。

突如其来的新冠肺炎疫情,对我国乃至全球治理都是一场史无前例的"大考"。全国教育系统创新教学方式,开展了"停课不停学"在线教育活动。总体来看,这场覆盖全国两亿多青少年的线上教学,取得了不错的效果,并为全球疫情防控下维持教学秩序提供了"中国经验"。在国内疫情得到有效控制、各行各业陆续复工复产之后,全国各地也在积极探索复学。由于高考的重要性,在各学段学生中,最为迫切、实际上复学最早的就是高三学生。高三学生复学,也就意味着一个地区复学工作的开端。

从媒体报道来看,许多学校高三年级复学后,并没有急于开展各个学科的辅导和训练,而是聚焦"战疫",通过开学第一课等形式,开展爱国主义、科学防疫、心理健康疏导、体育锻炼等方面的教育,为学生备考注入强大精神动力。今年的新冠肺炎疫情,波及范围之广、历经时间之久、影响程度之深,远远超出了我们最初的想象。某

本文发表于《中国教育报》2020 年 4 月 30 日,标题有改动。

种程度上讲，社会就是一所好学校，生活本身就是大课堂。目前全球的疫情态势，一定程度上构成了一个巨大的教育场和学习场。对于即将成年的高三学生来说，相比于学科知识的复习备考，人生观、世界观和价值观的教育，具有更重要的现实意义和长远价值。因此，教育者身上肩负的责任也就越发凸显。

要引导学生坚定理想信念。我国疫情防控和复工复产复学之所以能够有力推进，其根本原因在于中国共产党的坚强领导，最大限度确保了人民的生命安全和身体健康；同时，也在于我国社会主义制度的优越性，在于集中力量办大事的制度优势。学校要充分利用复学备考等各种时机，通过多种教学形式帮助学生坚定理想信念，增进广大学生的政治认同、情感认同和价值认同。

要教育学生学会珍惜感恩。学生复学备考的机会来之不易。从世界范围来看，目前把复学提上日程的国家并不多。可以说，我国学生能够复学，凝聚了全国人民的共同努力——无数医护人员选择逆行，坚守奋战疫情一线，还有许多志愿者、社区工作者积极参与群防群治工作，科研人员夜以继日地研制疫苗和相关治疗药物。没有他们的坚守和付出，就没有今日我国疫情良好的防控态势。为了学校复学，教育主管部门、卫生健康部门、学校教师都做了大量的工作，许多学校进行了多轮的"模考"和测试，没有他们的协同努力，复学工作就不会有这么顺利。学校要充分利用好"战疫"的各种现实题材，教育学生感恩英雄逆行奋战，感恩每一个普通人的付出。

要培养学生勇于担当使命。这次疫情，给人类社会提出了许多前所未有的时代课题。人类将往何处去的"世界之问"，越来越值得深思。如何实现人与自然的和谐相处？如何应对传统安全以及非传统安全带来的潜在隐患和风险？如何构建真正的人类命运共同体？这些都需要我们树立正确的发展理念，以合作共赢、携手并进赢得未来。青少年是国家的希望、民族的未来，是参与未来全球治理的生力军和主力军。学校要加强青少年的教育引导，培养他们的社会责任感和历史使命感，立志为国家发展、社会进步和人类福祉作出积极贡献。

总之，学校要以开学第一课为起点，在备考期间充分利用好"战疫"大课堂，通过成人礼等多种教育形式，常态化开展好爱国主义教育、感恩教育、生命教育、健康教育等主题的教育，让家国情怀、感恩、责任担当等精神品质，真正内化为学生的情感、意志、人格和价值观，并切实转化为高考备战源源不断的强大精神动力。

SHI PING XIN SHU | 时评新述

以大教育观来看，社会即是学校，生活即是课堂。许多隐形课程，反而更加能够起到潜移默化的育人作用。本文提出，疫情期间，学校应通过开学第一课等多种形式，开展爱国主义、科学防疫、心理健康疏导、体育锻炼等方面的教育，为学生备考注入强大精神动力。随着疫情的突发和防控常态化，这两年学生学习经历相对特殊。疫情防控本身就是最好的爱国主义教育、生命教育及科学教育，许多学校也都充分发挥了这样一种社会课堂的功能，厚植了学生爱国主义情怀。

CHAPTER FOUR

文化建言

文化是实践的产物。营造良好的文化氛围，有助于推动教育高质量发展。本编收录了作者发表在《环球时报》《中国教育报》等权威媒体的 25 篇评论文章，有对整体教育发展文化环境的剖析评议，有对学校良好文化氛围的阐释建言，还有对家校协同和文化创新的分析研判，旨在为教育改革发展营造良好的社会发展环境。

教育需要建设性的舆论环境

近期，随着媒体对"校长开房案"等一系列教师性侵儿童事件的曝光，教师的社会尊严和职业声誉受到严重影响。不仅如此，很长一段时间以来，除对一些堪称"楷模"的教师进行集中宣传之外，一些媒体涉及教师群体的报道基本是负面新闻。虐童案、校外培训收取高额补课费等事件，早就产生了一轮又一轮冲击波。"妖魔化"的教师形象，对社会公众产生了巨大的负面导向作用。

从媒体的角度来看，选择负面的教育热点新闻，甚至采用"标题党"的报道方式，都是为了吸引眼球，能多赢得点击率、收视率、转载率或者订阅群体。从媒体发展和经营的角度来说，这本无可厚非。从大众心理学的角度来看，人们存在"猎奇心理"，对于负面新闻的偏好远大于普通正面新闻报道，这也同样可以理解。遗憾的是，在一种有意或无意的"共谋"下，教育的种种问题被无限放大，即使许多事件并没有某些媒体描述的那般恶劣，往往也逃不了被任意曲解的命运。不可否认，在极少部分新闻事件背后，确实有有关部门强力干预或隐瞒的因素。但是，总体来看，这种事件被曲解的力度可能更大，甚至已经演变成了一种不良的舆论风气。

平心而论，教师作为接受过高等教育的知识分子，总体上责任心

本文发表于《中国教育报》2013年6月19日。

和使命感都要高于一般的职业群体。对教师群体的职业操守，本也不需要大张旗鼓地质疑或辩护。然而，长期以来，在我们的传统文化中，教师是榜样、楷模，是园丁、蜡烛，燃烧自己，照亮他人。随着社会转型期各种矛盾的出现，教师又仿佛一夜之间跌下了"神坛"，成了"最熟悉的陌生人"。这也从侧面证明了——捧得越高，落得也越狠。因此，"妖魔化"教师，或是"神圣化"教师，都不是正确的价值取向。秉持这种价值取向，会对教育、学校和学生的利益造成无法弥补的损害。

当前，报刊、电视、广播、网络等新闻媒介，对人们的生活正产生着不可估量的影响。进入信息化时代，媒介方式更加多元，信息传播更加迅捷，尤其微博、微信的出现，大众逐渐从资讯的接受者，转变成为信息的传播者和建构者。这充分反映了社会的进步，但由此也带来了一些不容忽视的问题。在教育领域，负面新闻层出不穷，甚至某些问题产生了"新闻集聚和连锁效应"。最终，新闻事件会随着热度消逝从人们的脑海中淡出，但给教育发展留下的隐患却很难消除。

因此，我们有必要由此出发，对教育舆论的方式进行重新审视。具体来说，聚焦于教育新闻的评论，有必要问一问——究竟谁来评，评什么，如何评，以及为什么评。

从评论的主体来看，在这个时代，放眼整个社会，谁对教育都有发言权。由于教育受众面广，谁也都可以对教育说上两句。然而，对于教育问题的点评，除了情绪化的宣泄之外，是不是还应该有更多理性分析和学理分析？同时，媒体报道是不是应该兼顾更多群体的声音？从评论的对象来看，目前的教育新闻，究竟"新"在何处？用教育媒体工作者和专业评论者的眼光来审视，我们会发现几乎所有的负面新闻都在重复上演，除了时间的变化，内容本质上并未有变化。从评论的方式来看，教育新闻不但要有感性经验的判断、理性学理的分析，同时还需兼有一份教育情怀。从评论的目的来看，教育负面新闻不仅仅是要准确地报道教育问题并澄清本质，其最终目的还是希望能够引起各界的关注和重视，通过行政干预和立法规范等途径，尽量预防、矫正、减少一些不良或不当教育问题的反复发生。

总的来说，教育新闻报道或教育评论，应该以人性为基点，致力于揭示教育的实际问题，而不应肆意以猎新好奇为目的，偏离基本的道德准则。作为媒体的消费者，也应该了解教育活动的特点及规律，理性看待新闻事件，立足教育，放眼社会，齐心协力，共同营造一个宽容、理解、合作的建设性舆论环境。

SHI PING XIN SHU｜时评新述

舆情对于教育发展具有非常重要的影响。正面舆情能推动教育发展，而一些负面舆情会阻碍教育进程。本文提出，对于教育问题的点评，除了情绪化的宣泄之外，应该有更多理性分析和学理分析。这篇文章发表时，笔者正在中国教科院宁波鄞州教育综合改革实验区做驻外专家，时任鄞州高级中学校长看到文章后和笔者交流：绝对不能"妖魔化"教师，那样对于教师群体的伤害太大了；这篇文章为教师群体真正说了话、发了声。基层学校校长教师的肯定，也是笔者一直坚持做建设性舆论引领的缘由。

"超级中学"不应一家独大

在河北衡水这样一个不起眼的地级市里，衡水中学创造了一个"奇迹"。2012年，北京大学、清华大学在衡水中学共录取96名考生，占这两所大学在河北省录取总人数的86%。2013年，衡水中学包揽了河北省文理状元以及文科前10名，6人进入省理科前10名。衡水中学连续14年成为河北省高考"最强军团"。

如此高的录取率和名校率，放眼全国也不多见；而一所中学在省内如此显著的地位，恐怕也只衡水中学一家。近日，包括《人民日报》在内的各媒体，对衡水中学进行了报道，并对其中的隐患进行了声讨。这些批评之声，主要在于两点：一是认为衡水中学是应试教育的助推器；二是"超级中学"的存在加剧了教育的不公平。

在当前的高考制度下，谁也不能否认衡水中学取得了成功。学校教师安于教学的敬业状态，学生专注学习的拼搏精神，也值得肯定。但是，"衡水模式"的许多管理方式依然值得商榷。比如学校规定：学生短裤和裙子要在膝盖以下、不能佩戴首饰、不能留长发、不允许异性交往，吃早餐也只3分钟等。从人才培养角度来说，准军事化的管理和高强度的训练，违背了教育教学规律和学生身心发展规律。更多人质疑的是，纵然衡水中学能取得应试成功，但能否为学生全面发

本文发表于《中国教育报》2013年7月26日。

展和终身发展奠基,赢得高考的同时也最终赢得人生呢?

衡水中学面临的誉与毁其实不是孤例。目前,一些地方全力扶持区域内某所学校,从人、财、物等方面大力倾斜,导致出现了类似衡水中学一样的"超级中学"。"超级中学"的存在有其历史成因和现实合理性。可以说,它是各种不同利益群体的"合意"。从政府的角度来看,打造一所"超级中学",是政绩的直接体现;对家长来说,送孩子上"超级中学"等于一只脚迈进了重点大学的大门;对学生来说,尤其对贫困地区或贫寒家庭的孩子而言,就意味着命运可能从此改变。诸多因素,导致了"超级中学"的出现。

但是,这种做法明显具有诸多弊端:首先,加剧了城乡教育之间的不公平。乡镇中学、民办中学等普通学校成了高考大战中的"炮灰"。其次,影响了其他学校正常的教学秩序。通常情况下,"超级中学"聚集了大量优秀生源,"掐尖"乱象频频发生,影响了其他学校的发展。再次,"超级中学"学生毕业升入大学后,高中生源的同质化,学习思维的单一化,也不利于大学良好学术生态的形成。

目前,全国各地已有许多类似的"超级中学",也还有许多地区正在效仿这种模式。对于这种局面,笔者以为,从教育生态的角度来说,应该允许更多学校参与竞争,而不是一家独大,形成垄断性局面。从人才培养模式的角度来看,也应实现高中教育的多样化,而不是单纯应付考试,成为高考的"兵工厂"。

笔者以为,社会对于人才的要求,越来越以能力素质为导向,而不是单纯以知识分数来考量,因而,具体到培养人才的学校教育上,也不应以高考为唯一检验标准。随着社会的发展和高考制度的改革,这种以分数为主导的应试教育方式将进一步淡化。总体看来,消解"超级中学"发展模式,良好社会舆论环境是基础,新的人才观和质量观是保证，而关键还是要改变传统的考试评价制度。

SHI PING XIN SHU | 时评新述

　　"超级中学"一家独大，对于教育发展具有怎样的影响，很难一概而论。衡水中学现象，也是见仁见智，支持者有之，批判者有之。本文提出，从教育生态的角度来说，应该允许更多学校参与竞争，而不是一家独大，形成垄断性局面。近年来，党和国家领导人多次强调要发展素质教育，国家也出台了一系列有关文件。随着高考招生制度以及教育评价改革的深入推进，相信"超级中学"的问题将逐步消解。衡水中学近年来在浙江省和深圳市所办分校遇冷，至少能够说明一些问题。

规范"名校办民校"迫在眉睫

成都七中"网络直播班"火后不久,成都七中实验学校的食堂品质问题前段时间再度引起了社会舆论的广泛关注。事实上,成都七中实验学校并非成都七中,而是由成都七中举办的民办学校。这种办学现象,被业内称为"名校办民校"。

作为许多地方政府扩大优质教育资源的一种重要方式,名校办民校早已不是新鲜事物。自20世纪90年代以来,这种办学模式得到了快速发展。2000年前后,业内也发出过要对"名校办民校"进行规范的声音,但是近20年过去了,这种办学模式仍经久不衰,在许多地方还被认为是办学的重要经验而加以复制推广。在教育财政投入有限的前提下,公办学校和市场联姻而成的"民校",似乎成了扩大优质教育资源供给的首选方式和快速通道。

在理论界,对于"名校办民校"的办学现象早就存有不同的声音。有人认为,"名校办民校"借助名校的良好资源和社会声誉,能够直接推动区域教育整体水平的提升;也有人认为,这种办学模式加剧了区域教育资源的不均衡,破坏了固有的教育生态,加重了老百姓的经济负担。

"名校办民校"最大问题在于民校既享受公办学校的某些政策优

本文发表于《人民日报·民生周刊》2019年4月9日。

惠，同时也享受一些市场的灵活性。比如在招生上，基础教育公办学校一般实行的是就近入学和免试入学，而民办学校却能够跨区招生或选拔入学。虽然这在一定程度上扩大了优质教育资源，但因选拔和高额的学费也造成了新的不公平，有些地方这种民办学校的学位甚至比一般公办学校还难获得。许多房地产商甚至把这种办学模式拿来做文章，把名校资源作为卖点进行宣传营销。优质公办教育资源的"民办化"，直接加重了家长的经济负担，造成了新的社会焦虑。

名校办的民校，往往和名校有着千丝万缕的联系。有些在教育理念、办学模式、队伍培养、课程开放等方面，融合了名校的优质教育资源，一般都能够在短期内提升民校自身的办学水平，满足更多群众接受优质教育的诉求。但是也有许多民校和名校之间，除了牌子相似之外，并无太多其他实质性的联系，只是各取所需，名校收取民校的品牌费用，民校借助名校的声誉招生获取高额利润等，并没有真正发挥名校的示范引领作用。

笔者以为，"名校办民校"在特定时期、一定区域对于我国教育发展起到了非常重要的作用，但时至今日，随着我国教育财政投入的稳步增加，优质教育资源持续得到扩大，基本实现了"有学上"到"上好学"的转变，"名校办民校"的历史使命应该说已基本完成。对于现有名校开办的民校，应该积极探索转制转型或进行股份制改革，告别利益捆绑纠葛，让名校和民校都各安其位、各展其长，共同推进我国教育健康可持续发展。

SHI PING XIN SHU 时评新述

近年来，国家加大了民办学校的规范力度，许多名校和所办民办学校实现了脱离。

学校是良好教育生态的建设者

学校是文化传承和创新的重要载体，也是开展教育教学的主要阵地，对良好教育生态的营造至关重要。可以说，学校不仅是良好教育生态的受益者，更应是参与者和建设者。

首先，学校要坚持社会主义办学方向。不管是公办学校还是民办学校，抑或中外合作办学的学校，坚持社会主义办学方向是根本要求。实践表明，只有坚持社会主义办学方向，才能在学校发展方向上不走偏。坚持社会主义办学方向，就是坚持党的领导，加强和完善学校基层党组织，认真贯彻落实党的教育方针，大力培养德智体美劳全面发展的社会主义建设者和接班人，培养堪当民族复兴大任的时代新人。

其次，学校要坚持立德树人根本任务，扎扎实实实施素质教育。教育的根本任务是立德树人，学校的基本职能是教书育人。围绕立德树人这一根本任务，对于高等教育而言，就是要培养创新型、应用型、复合型的高端专门人才。对于基础教育来说，就是促进学生德智体美劳全面发展，提升孩子的综合能力和核心素养。学校要把德育放在重要位置，特别是把社会主义核心价值观融合于教育教学全过程，实现全员、全过程和全方位育人，通过教育引导、舆论宣

本文发表于《中国教育报》2019年3月7日。

传、文化熏陶、实践养成和制度保障,让社会主义核心价值观教育内化于心、外化于行,成为学生成长的基本遵循。学校要明辨应试教育和素质教育的关系。从学校层面来说,需要警醒的是唯分数论、唯成绩论,因为这种简单的评价取向本质上是对教育的异化,是违背育人规律的。

再次,学校要带头弘扬尊师重教的风尚。国之本,在于教;教之本,在于师。教师是教育发展的第一资源,是学校发展的根本,也是培养学生的主体。在全社会树立尊师重教风尚,首先要在学校中树立尊重教师、信任教师的风气。不仅党和政府要为教师提供应有的保障,学校特别是学校管理者要为教师托底。学校要在专业上充分发挥教师在教育教学过程中的主体性和主导性,同时在生活中尽可能为教师争取待遇和福利,为教师教书育人解除后顾之忧,逐步实现从待遇留人、情感留人到事业留人。引导学生热爱教师、尊重教师,形成人人敬师、人人尊师的良好氛围。教师群体要树立荣誉感、使命感和责任感,珍爱作为教师的身份和荣誉,充分发挥自己的专业优势。同时,教师也要自觉坚守精神家园和人格底线,带头弘扬中华优秀传统文化。

SHI PING XIN SHU | 时评新述

学校是教书育人的场所,但学校也是文化机构,具有以文化人、以文育人的功能。本文提出,学校不仅是良好教育生态的受益者,更应是参与者和建设者。从现实的情况来看,学校能够不折不扣地落实国家政策和地方教育管理部门所要求的任务,但是在促进学校和家庭、学校和社会之间的交流,从文化层面培育和引领社会良好的教育风尚方面,还有很大的作为空间。

关爱儿童不能只停留在口头上

日前，一篇名为《因倒水淋湿书记专车，13岁幼女戴手铐游街示众》的微博引起公众广泛关注。因涉及以非法手段对待未成年人，许多网友对帖中所述事件表示了强烈愤慨。然而，据5月30日刊登的新华社记者现场调查，帖子中提到的许多细节与事实有出入。如被铐女孩并非13岁，而是14岁，据目击者说游街也未发生，而是女孩被民警戴上手铐扭送派出所。并且"事出有因"，是女孩的二婶占道摆摊，女孩及其家人与乡干部发生口角，并由女孩泼水一盆，淋湿了女副乡长的衣服和头发。在后续的争吵中，还先发制人打了女副乡长一巴掌。

我们姑且把权威媒体记者的调查当作事实及事实之全部吧。但是，拨开其中纠缠的种种是是非非，有两项事实是不容否认的——那就是女孩确实未成年，也确实被戴上了手铐。虽然当地有关部门极力掩盖这件事情，比如说"当时因为看孩子长得高大，以为是成年人，所以就给戴上了手铐"等，但至少给未成年人强行戴上手铐是确有其事，不能简单以一句"不知道是成年人"就推得一干二净。这件事情，与之前"海南校长开房案"中说小学生早熟的情况又何其相似？随着物质生活水平的提高，现在的孩子身体发育提前，已经是一种普

本文发表于《中国教育报》2013年5月31日。

遍现象，但不能因为孩子早熟，就把未成年人当作成年人看待，更不能因此对未成年人进行侵犯或伤害。对这种以行政思维及手段对待未成年人的做法，必须予以批判，加以惩处，甚至应该追究肇事人的相关刑事责任。

我国政府一直非常重视未成年人的权益保护工作。2006年修订的《中华人民共和国未成年人保护法》提道："国家根据未成年人身心发展特点给予特殊、优先保护，保障未成年人的合法权益不受侵犯。""不得对未成年人实施体罚、变相体罚或者其他侮辱人格尊严的行为。"即便对于未成年人违法行为，也提出了"实行教育、感化、挽救的方针，坚持教育为主、惩罚为辅的原则"。

然而，在日常生活中，很多成年人依然自觉不自觉地漠视并侵犯未成年人的权益。在这起未成年人"被铐"事件中，显而易见的是，当地有关部门工作人员侵犯了未成年人的生命安全权和受保护权。在冲突发生过程中，仓促之下对未成年人进行刑拘，实质是一种典型的行政思维及官僚习气在作祟。作为政府部门，即便是对普通老百姓，也应该从明晰道理入手，而不是动辄简单以武力论处；而对待未成年人，这些行为就更显得轻率和武断。

当前，在家庭、学校和社会日常生活中，类似侵害未成年人的例子还有许多。一些家庭中存在家庭暴力现象，孩子成了家长铁拳下的牺牲品；少部分农村父母为了赚钱，早早让孩子放弃学业外出打工。一些学校里，举办演出活动，领导在主席台正襟危坐、凉风习习，孩子们在操场上日晒雨淋；极少部分教师为了显示权威，对孩子进行体罚或变相体罚。社会上，一些不法分子利欲熏心，拐卖儿童，导致儿童流离失所，被伤害甚至被杀害；为了赚取高额利润，一些工厂藐视法律，雇佣童工，等等。这些发生在家庭、学校和社会上的事情，其实都是对未成年人权益的漠视和践踏。

如果说因为文化程度有限，着实不知道儿童或未成年人相关权益，偶尔犯错尚可原谅，但更多的成年人是明知故犯。更有甚者，为了一己之私，美其名曰是为孩子好，而实际却干着侵害未成年人权益的勾当！如何对待未成年人，拷问社会的良心。从家庭、学校到社会，我们需要共同营造适合儿童成长的环境，而且不能仅仅只停留在口头上或是文本里，更要体现在行动中。

SHI PING XIN SHU | 时评新述

儿童是我们教育和保护的对象，是家庭和祖国的未来。由于孩子身心尚未成熟，保护儿童是我们每一个公民应尽的责任和义务。本文提出，我国政府一直非常重视未成年人的权益保护工作，但具体在家庭、学校和社会日常生活中，类似侵害未成年人的例子有许多。近年来，国家越来越重视未成年人的保护，对未成年人欺凌的现象在逐步减少，但还存在一些对儿童的隐性伤害，这需要从每一位个体、每一个家庭做起，共同营造全社会关心保护儿童的良好氛围。

对未成年人惩戒切莫过了头

日前，微博爆出埃及名胜卢克索神庙的石壁上出现了"丁锦昊到此一游"的不雅字样，媒体热议纷纷。还有网友发现孩子曾就读的小学校园网被"黑"了，打开网页最先显示的竟是"丁锦昊到此一游"。笔者以为，"到此一游"的做法固然应该批评，但是这种"人肉"和"黑手"的极端做法更应受到谴责。

不可否认，在国外著名古迹涂鸦的做法，不仅破坏了人类共同拥有的珍贵文物，而且也影响了我国声誉，理应对丁锦昊及其监护人提出批评，并让更多人以此为戒。不过，我们在惩戒和批评丁锦昊的同时，也应该考虑孩子的年龄阶段和心理承受能力。

对于未成年人的成长，笔者以为，应以呵护帮助为主，惩戒也应坚持适度原则，以长远的目光和宽容的心态来对待孩子的过失。前段时间热议的"校长开房案"，有媒体认为女学生本身行为不端，生活方式失范，存在去酒吧、"认干爹"等问题，应对事件负责，还有媒体不断追问受害学生相关细节。这样的做法，忽视了孩子作为未成年人这一本质特征。对未成年人，教育者一定要考虑孩子的身心发展规律，既要坚持一定的教育，同时又要进行适当的引导。那种把所有责任都强加于未成年人身上，甚至为肇事者开脱责任的做法明显偏颇。

本文发表于《中国教育报》2013年5月28日。

事实上，在"神庙涂鸦"事件中，最该负责任的，首先应是孩子的家长和导游。这一事件反映了孩子家庭教育的缺失。其次，这也不完全是家庭教育的问题，在我国各大景点，随处可见"某某到此一游"的字样，这样一种不良社会风气也造成孩子做出不当的行为。家庭教育需要反省，家长们需要做好榜样，从小给孩子树立正确的人生观和价值观；社会风气更要正本清源，我们不仅需要维护国际形象，抵制负面影响，也需营造良好的国内旅游文化生态。这些需要家庭教育、学校教育甚至社会教育共同去完成。

特别需要引起注意的是，孩子曾就读的校园网站被"黑"，这无疑是一种典型偏执过激的做法。适度惩戒孩子的不当行为固然必要，但对于这起事件所引起的社会反响和各种极端的做法，是不是也应该引起我们的反思？在现实生活中，可以对许多成年人的犯罪行为保持缄默，却对一未成年学生的过失穷追不舍；可以对国内很多不法行为熟视无睹，对国外发生的一些小问题就无限放大。这种做法其实并不可取。笔者以为，我们不应该是冷漠的"沉默者"、热闹的"围观者"或是道德的"审判者"，尤其对待未成年人，应该多份理性，多份宽容。

教育惩戒的最终目的，是让未成年人知道对错，明晓是非，改正缺点，而不是对孩子棒杀到底，使其永远背上道德的惩戒，这和教育本身的初衷背道而驰。我们不主张也不提倡这样的惩戒。

SHI PING XIN SHU 时评新述

孩子的成长，特别是道德情感和价值观的养成，是一个缓慢而渐进的过程。本文提出，对于未成年人的成长，应以呵护帮助为主，惩戒也应坚持适度性原则，以长远眼光和宽容心态来对待孩子的过失。

莫让竞赛产业化

当前,虽然教育主管部门已经取消了高考竞赛加分项目,但是各类机构组织的中小学竞赛和培训依旧火爆,庞大的产业已经形成,各种负面效应也在凸显。中小学竞赛产业化乱象亟须引起社会各界的高度警惕,对这一领域的规范治理亟待加强。

对于选拔拔尖创新人才,中小学竞赛曾经发挥了一定的作用。但是,从目前异常火爆的培训市场来看,特别是中小学竞赛产业化的出现,对于学校、家庭和学生来说,明显是弊大于利。甚至在一定程度上,中小学竞赛培训已经严重干扰了学校教学秩序,"绑架"了许多家长,增加了参赛学生家庭的经济负担,对孩子的健康成长十分不利。

从现行教育教学体系来说,教学大纲、教学计划和课程安排都有章可循,学生对知识的掌握都是螺旋式上升,符合教育教学规律和孩子身心成长规律。然而,缺乏规范的中小学竞赛培训,给学生传授的大多是超出大纲的教学内容,有些小学的竞赛题到了中学的难度,而中学的竞赛题有些已经是大学的知识。知识内容的巨大跨越,超越了大部分学生的认知水平。在这种情况下,培训效果总体不会太好,反而让许多学生一知半解。这对学校的正常教学形成了干扰,也违背了教育的本质和学习的初衷。

本文发表于《光明日报》2018年2月6日。

据了解，未来五到十年，我国教育培训市场潜在规模将达5000亿元，尤其是中小学教育培训，市场规模超过3000亿元。而一线城市的许多孩子一般都会参加四到五种培训班，培训费一年10万元左右。愈演愈烈的教育培训既是对国家财富和资源的浪费，也未必对孩子的创造力和教育教学质量能够提供有益的帮助。

由此可见，中小学竞赛产业化，对于学校教学、孩子成长、家庭生活质量，都有伤害。出现这种情况，教育主管部门、学校和家长都要反思：竞赛加分的政策已经取消，中小学学生减负三令五申，但为何成效不明显？从教育主管部门来看，尽管出台了政策，但是并未从源头上进行监管，和其他部门协同规范的成效并不显著；从学校层面来看，虽然一方面抱怨各种竞赛培训冲击了正常的教育教学秩序，但是在一些小升初、初升高甚至在高考自主招生过程中，仍然采用高难度的选拔方式，以竞赛成绩来决定一个孩子将来的学业成就；从家长角度来说，许多家长存在非常明显的攀比心理，看到别的家长或孩子报了培训班，唯恐自家孩子报少了，很少有家长考虑孩子的兴趣和特长。

总之，治理中小学竞赛产业化是一个系统工程，需要教育主管部门、学校、家长共同参与。要通过进一步加强竞赛培训市场的规范，让政策能真正落地，更要从源头上切断中小学竞赛产业化的利益链。家长也要端正心态，真正促进孩子健康快乐成长。

SHI PING XIN SHU 时评新述

资本市场干预正常的教育教学，必然会把教育引向歧途。当前，随着"双减"政策的执行，许多竞赛和学科类的培训得到了遏制，竞赛产业化也就失去了土壤。

绝不让劣质办学机构误人子弟

据报道，近日 20 所北京民办高校吃到了市教委亮出的"红牌"，其中 15 所在整改期内不允许招生，还有北京北大方正软件职业技术学院等 5 所"不通过"等次的学校，要求其停止招生活动。笔者以为，高考招生在即，政府主管部门对劣质办学机构亮出"红牌"，恰逢其时，对于维护考生和家长权益、营造风清气正的教育生态具有至关重要的作用。

可以说，这项行动也是落实国家教育管办评分离有关文件精神的重要举措。2015 年，教育部出台了《关于深入推进教育管办评分离促进政府职能转变的若干意见》，着力解决政府管理教育还存在的越位、缺位、错位的现象，学校自主发展、自我约束机制尚不健全，社会参与教育治理和评价还不充分等问题。这次年度检查，北京市教委充分发挥了管理职能，并且通过委托专家组对学校提交的自查报告、办学状况调查表及 2017 年度财务审计报告等材料进行审核，对部分学校还进行了实地考察，特别是对一些民办非学历高等教育机构还进行卫生安全、食品安全和安全稳定的专项检查。应该说这次检查具有系统性、科学性和权威性的特点，最大限度确保学校依法依规办学。

本文发表于《中国教育报》2018 年 7 月 6 日。

尽管从总体上来看，我国高等教育发展已达到世界中上水平，优质高等教育资源也在不断扩大，越来越多的考生能够进入心仪的大学就读。但与此同时，还有一部分文化成绩相对较低的学生，未能进入理想大学。这部分考生，往往就成为许多劣质教育机构追逐的对象。为了吸引生源，许多劣质教育机构招生手段无所不用其极，有些打地域优势比如一线城市的牌，有些在学校名称上做文章，比如冠以"中国""中华"张声势，有些借助一些不着边际的国际化或高奖学金作诱饵，还有一些用新的专业比如"人工智能""区块链"等作噱头，目的只有一个，学生招来了收了学费再说。由于各种信息上的不对称，每年都有许多学生不小心就上了"贼船"。然而上船容易下船难，一旦进入了劣质教育机构就读，学生和家长就面临着进退两难的境地。

需要注意的是，这些劣质办学机构，主要集中在民办高等教育，一些民办非学历高等教育机构是重灾区。由于办学体制的因素，我国公办高等教育在高等教育体系中历来占有主导地位，拥有相对健全的办学体系、运行机制和监管体制，具有较高的社会公信力。相对来说，现代民办高等教育的兴起基本上与我国改革开放同步。经过近40年的发展，民办高等教育虽然已经成为我国高等教育的重要组成部分，涌现出了一批高水平的民办高等学校，但客观而言，良莠不齐的情况还在一定范围存在，某些成立时间不长的民办教育机构，主要是以追逐利润为目的，按照企业方式办学校，成为新的风险增长点。与此同时，在适龄生源不断缩减，市场蛋糕变小的背景下，教育机构发展面临前所未有的困难与挑战。为了解决生存问题，许多民办教育机构不断缩减成本，因而在办学资质、师资队伍、学校安全、资金情况等方面都出现了不同程度的隐患。

事实上，不仅在高等教育领域，在中等职业教育领域，也存在许多类似问题。从历史情况来看，有些教育机构在教育部门备案，有些在工商部门登记，还有些属于劳动部门管辖，有些甚至没有任何办学许可，通过给付高额招生费、欺瞒哄骗等方式招揽生源。这些教育机构很难保证教育教学质量。同时，除了民办教育机构外，也不排除一些非法投机者利用公办教育机构的名头来做文章，学生招进去了，毕业时学生却发现没有登记注册，这种情况也曾有发生。此外，一些国外的教育机构或留学中介，利用老百姓总认为出国读大学好的心理，以次充好，孩子出国学不到真本领，回国后学历也得不到认可，让许多家长花费了不少冤枉钱。

随着政府主管部门的重视，劣质教育机构的生存空间会越来越小。除了政府主管部门加强规范、营造良好的办学环境外，社会也要加强监督，特别是学生和家长要擦亮眼睛，多途径、全方位、立体化地了解教育机构，不要被许多"看上去很美"的东西蒙蔽了双眼，从而避免掉进劣质教育机构招生的陷阱。

SHI PING XIN SHU | 时评新述

每位家长都希望孩子能够接受高质量的教育，但由于优质教育资源的稀缺，客观上并非所有的孩子都有机会考上名牌大学，这使得一些劣质办学机构有了生存空间。本文提出，由于各种信息不对称，每年都有许多学生不小心就上了"贼船"，然而上船容易下船难，一旦进入了劣质教育机构就读，学生和家长就面临着进退两难的境地。总体来看，由于政府监管力度的加大，以及信息媒体的进一步发达，劣质教育机构的存在空间越来越小，但类似问题还是要引起重视。

"游学乱象"亟须正本清源

据新华社报道,韩国韩亚航空公司一架波音777-200型客机7月6日在旧金山国际机场降落过程中发生事故并起火燃烧。机上共有中国旅客141名,其中包括赴美游学的两个中国学生夏令营团共70名学生。事故直接造成两名来自浙江江山中学的女生不幸遇难。对此,中韩两国领导人分别表示哀悼,教育部和浙江省教育厅也高度重视,立即启动应急机制,并采取相应措施规范夏令营活动。

花季少女骤然离世,作为国人,无不表示沉痛惋惜。在为两名学生哀悼之余,对于游学现象本身,我们不能不进行反思。

在我国传统文化中,"行千里路,破万卷书"是学人探求学问寻找真理的不二法门,许多有志之士能够成才成功也都来源于此。因此,以夏令营的形式,组织学生走出国门参加游学活动,对于提升学生综合素质、了解异域文化、拓展国际视野和锻炼语言能力等,无疑都具有积极意义。

尽管游学的正面价值应该受到肯定,但对于以生命为代价的游学,恐怕任何学校、家长和学生都会拒绝。一起意外空难残酷地断送了两名女生的一切,也让两个家庭陷入巨大悲痛之中。美国的友好学校在获悉这一事件之后,感到震惊错愕。支持他们游学的教育主管

本文发表于《中国教育报》2013年7月10日。

部门、学校，尤其家长，更是追悔莫及。空难事件发生以后，从各大媒介网络论坛上，我们还听到了许多不同声音，其中呼声最高的就是——游学之风当刹当止。有评论者认为，许多学校组织的国外"游学"或者名校"结对"活动，并无实质性的目的，本来是参与国外的学习活动，却"游"而不"学"，最后大都演变成了纯粹购物和休闲旅游。

对于上述所谓"游学"，必须进行严肃批评。毕竟，花费家长的巨额资金并占用学生的休息时间，本该期待学生在阅历、见识、思想、价值观等方面有所精进。如果脱离了"学"这一根本，游学的价值无疑大打折扣。而随着媒体的揭露，我们也发现，游学现象的背后存在着巨大的利益链，许多组织和个人正从中谋取不正当利益。种种异化的迹象，需要我们进一步思考游学的目的。

但是，对于游学现象本身，我们也不能因噎废食。一味盲目跟风游学，或者图省事干脆全部禁止——这种"无事不管、出事严禁"的做法只是一种拍脑袋式的作为。有关部门要在规范游学上下功夫，首先必须严格贯彻落实《教育部　外交部　公安部　国家旅游局关于进一步加强对中小学生出国参加夏（冬）令营等有关活动管理的通知》。只有明确意义、注重安全、清晰权责、重在预防，才能把风险降到最低。

具体来说，有关部门和学校必须选择具有资质的旅游公司，而不是把游学团层层转包，最后造成模糊的责任边界。学生和家长，则必须签订委托协议书，明确各方的权利义务，细化安全保障和保险理赔等涉及学生切身利益的事宜。家长和教师更别忘了对学生进行必要的辅导，教给他们处理各种出行突发情况的知识和技能。最重要的是，活动组织者应始终以学生为本，建立完善的安全责任机制、安全预警和突发事件应急机制。

随着我国经济社会的发展，学生出国游学慢慢变得不再高不可攀。对于学校、家长、学生的愿望和要求，有关部门应该予以重视和支持。但是，其中的"游学乱象"亟须正本清源。各地教育主管部门和学校应以坠机事件为戒，对于假借游学之名牟利的组织或个人，应当头棒喝；对于打着游学的牌子"游"而不"学"的游学组织机构，应予以坚决取缔。

希望在安全出行的前提下，有游学愿望的学生和家庭能有选择性地参与活动。希望以生命为代价的游学，不再发生。希望所有为学生组织的活动，归根结底都是为了促进学生的健康成长。

SHI PING XIN SHU | 时评新述

作为一种学习方式，游学是正规学校学习的有益补充，对于学生的成长特别是开阔眼界具有非常重要的作用。但对游学乱象也需保持高度警醒，不能让孩子游而不学，更不能存有安全隐患。本文指出，游学现象的背后存在着巨大的利益链，许多组织和个人正从中谋取不正当利益。种种异化的迹象，需要我们进一步思考游学的目的。总体来看，在支持游学活动的同时，政府教育部门和学校仍需高度重视对游学活动的监管。

网瘾被乱治，教育不能熟视无睹

河南 19 岁女孩玲玲近期在郑州一家培训学校戒网瘾，在被教官"加训"两个小时之后死亡，另一名 14 岁女孩也因加训受伤。此事引起了媒体的高度关注。北京青年报记者日前通过对北京市多家网瘾戒除机构调查发现，这一市场正处于混乱无序的状态，在没有任何资质标准审核的前提下，网瘾正在被乱治。

诚然，对于社会上出现的各类戒网瘾机构，需要加大规范管理；对于它们经营过程中的种种乱象，应该进行揭露批判；尤其进行体罚对孩子造成身心伤害或者死亡的，还应该诉诸法律。但与此同时，我们是否也应该思考，是谁给了这些戒网瘾机构权利和空间？又是谁把我们的孩子推向了另一种境地？

对于网瘾究竟是不是一种病，从世界范围来看，目前尚无明确的界定。因而，戒网瘾机构在工商部门注册的时候，只是作为一种民办非企业性质的咨询机构，而非医院属性的"治疗"机构。如果网瘾不是病的话，以对待类似"毒瘾"病人的方式进行简单粗暴干预，只是缘木求鱼，只会造成孩子再次受到伤害。而从"治疗"的效果来看，这已不仅是造成心理负面影响，也还包括对孩子身体上的伤害。

其实，看待这起事件，有个前置性的问题，即网瘾究竟是不是

本文发表于《中国教育报》2014 年 6 月 24 日。

病？我们又该如何看待青少年出现的网瘾？以笔者看来，网瘾不能纳入病理学的范畴，它充其量只是一种心理上的偏好或依赖。随着信息时代网络技术的发达，我们在享受网络社会所带来便捷的同时，生活在社会中的个体，或多或少都对网络有所依赖，很难不受网络的影响，不唯青少年。

青少年正处于身体、心理发育的关键时期，对于外界新生事物，难免有许多好奇。由于学校和家长在网络这件事情上，没有统一的正确认识，对学生上网行为只是一味干涉，比如严禁上网、没收手机等。以至于愈是禁止，愈是好奇，最后导致孩子沉溺网络，出现所谓网瘾，影响了孩子正常的生活和学习。究其根源，还在于学校和家长没有进行科学引导，没有进行必要的教育。而把染上网瘾的孩子送到所谓的戒网瘾机构，就以为万事大吉，更是一种不负责任的做法。

笔者以为，对于青少年网瘾的认识、诊断和治疗，教育不能熟视无睹，而应该承担起相应的责任。从学校教育来看，在教给学生一定的信息网络知识之外，还应该帮助他们建立起对网络的正确认识，引导他们合理有度使用网络资源；从家庭教育来看，家长不要动辄就是成绩和分数，更不要"谈网色变"，即便发现孩子沉迷于网络，也不能束手无策，而是应该和孩子多交流，一起正视并解决问题；从社会教育来看，也需正确看待孩子使用网络，不要戴"有色眼镜"去看待，更不能把有些网瘾的学生当成问题青少年或者坏孩子，而是为孩子成长营造宽松的空间。

总之，网络作为信息时代的产物，它是一种重要的学习途径和方式，不应是学生成长的禁区，关键在于引导他们合理有度使用网络。面对青少年可能出现的网瘾，学校、家长和社会应该保持必要的宽容，因势利导，合理教育，而不是把他们推向乱象丛生的市场机构。

SHI PING XIN SHU | 时评新述

　　随着信息化时代的到来，网瘾是许多孩子成长过程中都会遭遇的问题；而迎面而来的元宇宙时代，预防学生沉迷网络将面临更大挑战。本文提出，对于社会上出现的各类戒网瘾机构，需要加大规范管理；对于它们经营过程中的种种乱象，应该进行揭露批判；对孩子造成身心伤害或者死亡的，还应该诉诸法律。但同时值得思考的是，我们为何放弃了对孩子的教育，而把孩子交给了戒网瘾机构？在遇到类似的问题时，学校特别是家庭要发挥好主体作用，要采取科学的教育方式，帮助孩子走出困境。

游戏成瘾问题不容忽视

近期,世界卫生组织召开第七十二届世界卫生大会,会议通过了《国际疾病分类》第十一次修订本,并将于 2022 年 1 月起生效。其中最大的亮点之一,就是正式将游戏成瘾列为"精神疾病"。世卫组织这次对游戏成瘾的最新界定,引发了广泛热议。

世界卫生组织概括了"游戏精神障碍"三大特征,主要是无法控制玩游戏时间、把游戏优先性置于其他重要事项和活动之上,以及对个人、家庭、社会的严重影响。精神疾病主要指的是严重的心理障碍,具体表现为患者的认识、情感、意志、动作行为等心理活动出现持久明显的异常,行为难以被一般人理解,甚至有伤害自己或攻击、伤害他人的动作行为。从游戏成瘾的特征来看,与精神疾病的定义有高度的吻合。

随着信息化社会的快速发展,游戏成瘾对青少年的影响,是一个世界性难题。美国每 10 个青少年中,就有 1 个有上网成瘾的症状。韩国大约有 200 万的网络游戏爱好者,青少年群体中有 10% 左右沉湎于网络游戏。为强制性减少青少年的网瘾,韩国国会曾在 2011 年通过限制 16 周岁以下的青少年深夜上网打游戏的《青少年保护法》(又被称为"灰姑娘法案")。而在法国,针对游戏手机对学生造成的负面影响,法国国民议会 2018 年通过法案,3 岁至 15 岁的学生在教

本文发表于《环球时报》2019 年 6 月 24 日。

学活动中不得使用手机、平板电脑及智能手表等可联网通信设备。

我国是名副其实的网络大国，也是游戏成瘾的"受灾区"。截至 2018 年 12 月，我国网络游戏用户规模达 4.84 亿，占整体网民的 58.4%。手机网络游戏用户规模达 4.59 亿，占手机网民的 56.2%。这庞大的网络游戏群体，又是以青少年为主。有调查显示，我国有 20% 的青少年有电子游戏成瘾现象，40% 左右的青少年面临着网络成瘾的潜在风险。可以说，游戏成瘾问题已经成为危及我国青少年健康成长的一大隐患。

总体来看，我们不要轻易把游戏成瘾行为扣上精神病的帽子，但青少年游戏成瘾的潜在影响，政府、学校、家长和社会必须引起高度重视。政府要加强网络游戏立法，加快健全完善网络游戏监管的法律法规；学校要通过制度建设有效防范孩子游戏成瘾；家长则要以身作则，减少使用手机特别是玩游戏的时间，多陪伴孩子做一些有意义的事情；企业要切实担当社会责任，不能只看到游戏背后的商机和市场，也要正视游戏对青少年的负面影响，从内容、技术等方面加以规范和约束。此外，政府还要加大图书室、文化艺术中心、运动场所等公共教育资源、文化场所的建设和开放，为孩子健康成长营造良好的社会环境。

SHI PING XIN SHU | 时评新述

游戏成瘾，是世界各国孩子成长过程中遇到的共同问题。除了在视频游戏等平台设置了青少年模式进行管控外，2021 年 8 月，国家新闻出版署出台《关于进一步严格管理切实防止未成年人沉迷网络游戏的通知》，规定未成年人每周最多只能玩 3 小时网游。相信游戏成瘾问题在我国将会得到有效治理。

"宝马高考生"作恶绝不能姑息容忍

据报道，6月8日上午，在辽宁省阜新蒙古族自治县第二高级中学考点，发生考生不满监考老师没收作弊手机，而在考场内暴打监考老师的严重事件。该考生打人后还口出狂言："你知道我爸是谁啊，你就查我？"据悉，当天该考生是开着宝马车来应考的。

"宝马高考生"不仅无视高考纪律公然舞弊，而且被发现后暴打监考教师，更可恶在于态度嚣张、口出狂言，典型的"小衙内"作风。今年考场外相关部门加强了警戒，甚至出动特警真枪实弹确保高考安全，而令人意外的是，考场内竟然发生如此重大的恶性事件，令人震惊愤慨。相形于江西"最美高考生"柳艳兵，为了公众安全，从歹徒手中徒手夺刀，以至于耽误了高考，两者境界，可谓天壤之别。

曾经一段时间，社会舆论对"我爸是某某"这样的不良现象进行了批判，而如今又再次重演。"我爸是某某"俨然成了这些"富二代""官二代""权二代"的护身符，以至于高考舞弊作恶后，还敢如此嚣张跋扈。笔者以为，对待这样的考生，我们绝不能姑息容忍。

令人遗憾的是，就在记者不断报道这起恶性事件的同时，当地教育部门、学校却采取了息事宁人的做法。据报道，记者在采访受害女教师时，该老师说"领导不同意我说，我作为员工就得听领导

本文发表于《中国教育报》2014年6月12日。

的"；在联系学校领导时，对方竟回复"校方不愿意把这事扩大化，接受采访必须经市教育局领导的同意"；而市教育局领导的回应是"处理结果由省招办决定"。由此可见，在这起事件上，不仅受害女教师失去了应有的话语权，而且学校和教育主管部门把责任也都层层上推。

对于"宝马高考生"，笔者以为他的恶劣行为必须受到规则、法律和道义的制裁和谴责，不能因为"宝马车""某二代"的身份就加以姑息，这是毫无疑问的。但他毕竟还是个大男孩，只是无知无畏，缺乏敬畏之心罢了。但是，受害老师、学校和教育主管部门的回应，就让人有些匪夷所思了。担惊受怕，息事宁人，听之由之，又置教师的尊严、教育的理想、高考的权威于何种境地呢？

笔者以为，"宝马高考生"能够在高考中公然作弊，暴打监考老师，而且恶语相向，绝非"一日之功"，也非"某方之功"。毋庸置疑的是，该考生从小就受到家庭的娇宠，习惯了以自我为中心，不知道或无视社会的规则和法律，即便犯了错误，都由父母给摆平了，也未受到相应惩处。长此以往，就养成了天不怕地不怕的性格。同时，这也绝不是某一方面所导致，家庭的娇宠，学校的容忍，社会的姑息，可以说，每一方都有不可推卸的责任。

那么，我们教育应该是怎样，又怎样来面对和处理类似的恶性事件？以笔者看来，所谓教育，不仅是教书，更在育人，是把一个"自然人"培养成"社会人"的过程。现代社会，教育的主要目的是培养学生成为有爱心、守正义、懂法纪且具有社会责任感的公民。在这件事情的处理上，"宝马高考生"和其监护人必须承担应有的刑事和道义责任；作为教育主管部门和学校，也应该认识这起事件性质的恶劣，并以此为警醒，对教育教学做出必要的反思。

当前，我们重提"德育为先，立德树人"，这并不是一句空话，而是要真正落实在我们日常教育教学的每一个环节中。漠视德育建设的学校教育，只是培养缺乏灵魂的考试机器，只会造就更多的"宝马高考生"。

SHI PING XIN SHU 时评新述

学生价值观的养成，深受家庭和社会的影响。对于学生不良的习性，学校负有教育的责任。本文提出，"宝马高考生"和其监护人必须承担应有的刑事和道义责任；作为教育主管部门和学校，也应该认识到这起事件性质的恶劣，对教育教学做出必要的反思。总体上看，对于孩子的教育问题，学校、家庭和社会要形成合力，特别是要重视孩子品德方面的教育，才能避免类似恶性事件的发生。

毛笔体录取通知书彰显人文关怀

近日,陕西师范大学的入学录取通知书引起了新闻媒体和社会大众的关注。据报道,今年发放的4570份录取通知书,全部由学校的老教授用毛笔一笔一画填写而成。在今天"电脑代笔"盛行的时代,这样认真而庄严的方式实在让人感到惊喜,甚至为之叹服。

如果说毕业典礼是大学生和学校面对面的最后一课,那么,录取通知书就是大学生和学校未曾谋面的第一课。相比大学毕业典礼,录取通知书的意义和价值对于大学新生来说,同样重要。

录取通知书,不仅具有信息传递的功能,通过信函发送的形式,告知学生已经被大学录取,需要开始为进入大学做准备。同时,录取通知书还具有仪式的功能,它代表一种荣耀,即获得更高一级学校的认可,是人生征程的新起点。此外,在某种意义上,录取通知书还具有教育的功能。这种教育功能,注定了录取通知书绝非仅仅只是一纸包含录取信息的凭证,还应饱含大学的价值追求和人文情怀。

其实,单纯就信息传递功能而言,各类高校的录取通知书,内容本身并没有太大区别。但是,从信息传递方式和效果来看,给人的感觉却可能有天壤之别。

相当部分的高校,育人方式上千人一面,连录取通知书也如出一

本文发表于《中国教育报》2013年7月17日。

辙，毫无新意可言。可以说，这些高校放弃了一次很好的教育学生、宣传学校的机会。

不过，也有不少高校能够借发放录取通知书的机会，宣传学校、传递价值、教育学生。比如有些高校从内容、细节上做文章，除了告知学生被录取之外，通知书上还附录了学校介绍、历史文化、地图位置，以及新生入校注意事项等；还有学校结合自身的特点，以形式、技术出创意，不仅录取通知书做得美观漂亮，而且渗透了大学自身的科学色彩和人文情怀。

相比于千校一面、毫无特色的录取通知书，富有个性化、人性化的录取通知书自然会受到学生的欢迎。在入校之初，就给新生留下了非常好的印象，自然而然就帮助他们产生对大学的认同感和归属感。

毛笔体录取通知书除了学校录取本身的信息功能之外，在某种程度上，也传递了学校老教授对新一代大学生的关爱和支持。一张一张手写通知书，写的不只是字，更是一种对求学的重视。对学生的期待、尊重和为人师表的责任感，饱含在每一笔每一画中，让人感动。这种潜移默化的熏陶，恰如桃李不言下自成蹊，让学生在无形中有了一次受教育的机会。透过毛笔填写的录取通知书，学生能感受到学校对每个学生的尊重和关爱，拉近学生与学校心理上的距离。此外，在现代信息科技越来越发达的今天，我们大部分人的信息传递都依赖于电脑、手机等高科技手段，逐渐淡忘了手写的文字，甚至很少有人学习毛笔书法。毛笔体录取通知书除了反映对我国传统书法艺术的传承外，更多的还体现了大学文化理念的厚重。

因此，笔者以为，高校切莫小觑了录取通知书的教育功能。作为给学生的第一份见面礼，无论从内容上，还是从形式上，都要充分体现高校对学生的重视，以及录取通知书背后所蕴藏的价值理念和人文关怀。

SHI PING XIN SHU | 时评新述

录取通知书，某种程度上代表的是学校形象，是传递给学生入学最初的文化印记。本文提出，毛笔体录取通知书除了学校录取本身的信息功能之外，在一定程度上，也传递了学校老教授对新一代大学生的关爱和关怀。这篇文章2013年在《中国教育报》头版发表，时过八年，陕西师范大学仍然坚持由老教授毛笔填写录取通知书，已成为学校的文化符号。与此同时，我国许多高校也越来越注重录取通知书的设计。

家校合力让在家上学效果最大化

延期开学,"停课不停教、不停学"的工作安排,既是教育系统抗击疫情的应急举措,也是"互联网+教育"成果在特殊情景下应用推广的深度尝试,更是对教育治理体系和治理能力现代化的一次重要考验。它不仅需要教育主管部门做好统筹安排,也需要学校师生的积极参与,同时还要争取广大家长的全力支持。

相对于传统的学校教育,在家上学无论对于教师、学生,还是家长来说,都属于新兴事物。它最突出的一个特点是,需要家长的大力支持和积极参与。那么,疫情期间在家上学,家校该如何密切合作、充分发挥各自优势,最大限度提升学生的学习成效呢?

家校合作要做到深度信任理解、共担责任。在全国上下全力抗击疫情的背景下,采用在家网上教学总体值得肯定。浙江省最新调查数据显示,近九成初高中学生对于特殊时期组织线上教学表示支持,教学满意和非常满意的达到了82%。然而,相对于学校教育,在家学习具有特殊性,一定时期和范围内出现资源或技术等问题在所难免,这就需要家校共同努力。实现家校良性的合作关系,前提是彼此深度信任理解。教师不能认为在家学习主要是家长的事情,把在家上学的责任和任务全部交给家长。与此同时,家长也不能全部依赖学校和教

本文发表于《中国教育报》2020年2月25日。

师，自己做"甩手掌柜"，而要尽可能地对学生在家学习给予最大支持，以及必要的监督和帮助。只有彼此信任理解，不相互推脱责任，才能帮助孩子真正实现"在校学"向"在家学"的状态转变，并确保学生在家上学的质量和成效。

学校要主动承担引导学生线上学习的主要责任。虽然学生名义上是在家上学，但和在校上学一样，学校仍然是教学活动的组织者、实施者和评价者。与绝大多数家长相比，教师在教育教学方面具有较高的专业素养和能力水平，能够把握好教育教学的基本规律，并按照课程教学大纲和教学计划，采取合适的教学手段方式对学生进行相对系统的线上教学。所以，教师绝不是网友调侃的"十八线主播"，线上教学其实是一项极具专业性的工作。除了教育教学的方向把握、内容选择、方法应用和跟踪评价外，教师还要及时和家长、学生沟通课程教学的有关安排，指导家长为学生准备好在家学习必需的硬件和环境，并在学生学习遇到困难时，及时提供有效的咨询和帮助，切实发挥好指导者和引导者的作用。

家长要认真履行孩子学习监护人和参与者的职责。家长是孩子成长的第一任教师，是未成年子女的法定监护人，无论是何种学习方式，家长都不能也不应缺位。而居家上学，家长的作用尤为重要。由于许多学生尚属于未成年人，学习主动性、自觉性相对较弱，学校有组织的系统学习，许多需要在家长的监护下才能完成；家长也要监督学生合理安排学习时间，做好视力保护和推动全面发展。同时，相对于大多数孩子来说，家长在信息技术处理上占有一定优势，能够帮助孩子处理学习中遇到的条件保障问题。此外，疫情背景下生命教育、公共卫生和健康教育、社会责任教育，以及对英雄人物和先进典型事迹的学习，家长的积极参与和言传身教，往往能够起到润物无声、事半功倍的作用。再者，许多家长在疫情期间属于弹性上班，具有专业能力的家长，也可以通过家长课堂等形式，为孩子提供学校课程之外的线上讲座和交流，开拓孩子的学习视野，加深家校之间、亲子之间的良性互动，共同促进疫情期间孩子的学业成长和身心健康发展。

SHI PING XIN SHU | 时评新述

家校共育，是现代教育的一个显著特征。只有家校形成育人合力，才能真正促进孩子健康成长。本文提出，疫情期间的线上教学，家庭和学校只有彼此信任理解，不相互推脱责任，才能帮助孩子真正实现"在校学"向"在家学"的状态转变，并确保学生在家上学的质量和成效。随着疫情的好转，现在全国大中小学早已恢复了线下教学，但是线上教学的尝试探索，一定程度上促进了家校之间的深度了解，推动了育人合力的形成。

家长也要摆正就业心态

近日，北京大学未名BBS的匿名板块上发出一个帖子，题为"你们的父母也这么想吗"，内容大致为"北大毕业生未能当上省长，其父觉得很丢脸"。这个帖子引发北大学生和广大网友的热议。很多人表示"原来北大人也压力比山大啊"！他们在发言中流露出既不喜欢父母为他们设计人生，又担心辜负父母的矛盾心情。

在我国的传统文化中，长期以来，读书的价值取向即是为了升官发财，诸如"书中自有黄金屋，书中自有颜如玉"，又或者"朝为田舍郎，暮登天子堂"，这些观念在中国老百姓心中依然根深蒂固。对于北大、清华这些名校，绝大部分中国老百姓多少会有一种情结，因为这是中国最知名的高校，相应期望值也就更高。尤其一些农村的家长，更是从孩子上学之初就背负沉重的经济负担，甚至是在一家人的无私帮助下，才艰难地送孩子上完大学，其投入之大、期望值之高可想而知。他们一开始就带着想象的光环，潜意识里认为孩子将来肯定能够出人头地，高人一等。因为这些原因，才导致了新闻报道中北大毕业生的窘境。

看到这样一则新闻，笔者也感同身受。笔者从北京一所著名大学博士毕业后留在北京的一家研究单位工作。入职后，单位的工作

本文发表于《中国教育报》2012年8月27日。

量非常大，以至于经常加班，甚至双休日也都利用上了。加上笔者一时未能迅速实现从学生到专职研究者身份的转换，在给家人的电话中，无意间可能透出一丝的身心状态的疲惫，父亲一下子就觉得不可理解。在他的期望中，孩子名校博士毕业，应该有一个体面轻松的工作岗位。他的困惑或许更在于：为什么这么高的学历，还是这样忙？

因为之前有过基层工作的经验，笔者从开始找工作就坚持一种心态：不要问单位给你什么，更多是你能为单位做些什么。正式入职后，也乐于吃苦，勤奋工作。虽然面对新的工作有个适应过程，但一段时间后，心态调适得也还不错。总体看来，不能因为是大学生，或者高学历，就眼高手低，忽视一些基础性的日常工作。从人才成长的角度来看，真正的历练，应该都是从基层点滴做起的。

父母对于孩子的高预期，其实和他们的时代局限有很大关系，他们难以理解当前社会发展的迅速和人才竞争的激烈程度。在他们看来，孩子大学毕业后，应该坐在宽敞的办公室里，做着非常轻松且待遇不错的工作。这或许是他们送孩子上学最简单的初衷和动力。可是，等孩子上完大学之后，由于各种原因，有些一时未能找到合适的岗位，有些即便工作了，可能依然做得非常辛苦。这多少让他们的心态失衡。这些都是可以理解的。但是，父母的这种心理并不能改变社会的规则，也丝毫无益于孩子的工作。

通常情况，多大的教育投入，就会有多大的收益。然而，在现实的情况下，投入和收益虽然总体上有关系，但是并不一定直接或者短期就能反映出来。因此，作为刚毕业的大学生，要理解父母的期望和心态，对他们做一些必要的解释。而作为父母，应该对社会的发展态势有个正确的认识，进而对孩子的就业有个合理的期望，并应清醒地认识到工作中的磨炼，是孩子适应社会真正成才成人的必经之路。

SHI PING XIN SHU | 时评新述

　　就业是大学生学业完成后的新起点，无论学生还是家长，都要端正就业心态。本文提出，父母对于孩子的高预期，其实和他们的时代局限有很大关系；要理解父母的期望和心态，对他们做一些必要的解释。作为父母应该对社会的发展态势有着正确的认识，进而对孩子的就业有个合理的期望。总体来看，关心孩子就业，家长的心情可以理解。在我国高等教育进入普及化时代，特别是疫情期间面临严峻的就业形势下，父母对孩子的就业更要有合理的预期。

请别给"90后"毕业生贴"爱毁约"标签

日前,成都举行了2014秋季特大型人才招聘会暨高校毕业生供需洽谈会,求职者中不乏许多"90后"毕业生。有公司招聘人员反映,"90后"大学生"爱毁约",某次该公司录取6人,结果只报到了1人。另外,某招聘网站发布的《2014年应届毕业生就业力调研报告》显示,2014年西部高校应届毕业生超过三成有过毁约经历。

事实上,今年大学生就业的高峰期已过,但是,作为人事招聘部门或是教育和社会科研机构,对大学生就业动态进行一定的监测、评价和反思,都非常有必要。不过,把"爱毁约"作为"90后"毕业生的标签,将"90后"看成一种歧视性的符号,笔者实在不敢苟同,也觉得毫无必要。

自从20世纪末高校扩招以来,我国进一步深化高校毕业生就业制度改革。在这种宏观背景下,毕业生几乎全面实行双向选择自主择业,大学生和用人单位都可以根据自身的需求,进行相互选择。这种就业模式打破了过去统一分配服从安排的格局,就业主要由市场说了算。在这个改革过程中,无论是刚过去的"80后",还是现在的"90后",毕业生们都面临过就业选择所带来的困惑和纠结,这也包括部

本文发表于《中国教育报》2014年9月16日。

分毕业生有过毁约的经历。可以说，这是高校大学生就业制度改革所带来的必然产物。因此，武断地认为"90后"偏好于毁约，显然是站不住脚的。

毕业生就业过程中出现毁约，通常有几种情况：一是在继续寻找工作时毕业生有了更好的就业平台；二是毕业生考上了公务员或获得继续在国内外读书深造的机会；三是因为家庭等其他情感因素不得不选择回家或去异地工作；四是在进一步了解或实习时发现单位并不适合自己发展。以笔者看来，无论是以上哪种情况，放弃已有的工作机会，选择毁约，于情于理，都不是不可以理解的。

况且，在就业制度安排中，对毕业生并非是绝对"零毁约"，而是有一定的余地。比如双方签了"三方"之后，如果出现毁约的情况，违约方应该缴纳一定金额的违约金。这在签订合同时，都有相应的说明。严格按照合同办事，这也遵循了市场经济下的"契约"原则。虽说会加大用人单位的招聘成本，但是劳动力市场流动日渐频繁，这也是一个不争的事实，用人单位人事部门都会有相应的考虑和安排。如果说，仅仅只是达成口头协议，没能及时报到，而被说成"毁约"，就不免有些夸大其词了。

不可否认的是，在"90后"为主体的大学生群体中，有极少数同学不能吃苦耐劳，对工作挑三拣四，毕业后还做"啃老族"，成为家庭的负担。也有一些同学多次毁约，成为就业市场中的"跳早族"，一两年下来，都得换好几次工作。对于这样的毕业生，高校、家庭都要给予及时的教育。同时，从用人单位角度来说，也要以诚信为本，落实就业合同中承诺的待遇和福利，尤其要为大学生发展搭好平台，让毕业生有好的发展前景。如此，才能防止过多毁约的情况出现。

笔者以为，对毕业生毁约要理性看待。对于频繁的毁约，高校要引起高度重视，帮助大学生树立科学的择业观，实现顺利就业。但也要谨防夸大，无论是舆论媒体还是研究机构，没有必要把毁约放到道德层面进行批判，更不要归因于诸如"90后"是某一类型或特征的群体。如果戴着"有色眼镜"，既无益于大学生就业，也不利于用人单位招到合适的人才。

时评新述

签订就业合同，就形成了一种契约关系。好的就业平台，契约履行相对要好些，而一般或相对较差的平台，往往会伴随着毁约情况出现。本文提出，把"爱毁约"作为"90后"毕业生的标签，将"90后"看成一种歧视性的符号，毫无必要。总体上看，相对于"80后"一代的大学生，"90后"大学生拥有自己更加独立的人格。实际上，无论是扶贫、抗疫还是救灾，许多"90后"都冲在前列，已经发挥了社会的生力军作用。

从美国家长点赞中国教育说起

近日，美国《华尔街日报》网站刊登题为《为什么中国小学胜过美国小学》的文章，作者是一位美国母亲。她在把儿子送进上海一所公立名校学习后，发现中国教育体系有美国亟须学习的东西——给予老师尊重与权威。

当我们许多家长一味认同西方教育理念，或者正准备把孩子送出国门的时候，却从一位美国家长口中，听到美国要学习中国教育的优点，难免会觉得有些反差，甚至可能会产生自我怀疑：中国的教育，真有美国人说得那么好吗？或者说，中国的教育究竟好在哪里呢？在这篇报道中，至少给出了一个答案——"老师最懂"，就是中国的尊师重教传统。

事实上，中国基础教育的好，不仅是美国家长，连英国、美国西方发达国家的教育官员、教育研究者，都多次来中国学习取经。在国际学生评估项目测评结果公布上海全球排名第一后，美国"全国教育与经济研究中心"主席马克·塔克，于2013年出版了《超越上海：美国应该如何建设世界顶尖的教育系统》。由此可见一斑。但我们常听到的依然是中国教育的不好，对中国教育的好却提得不多。

在现代社会，特别是信息化时代，稍有常识的人都会知道"老师最懂"站不住脚，因为学生和家长都可以通过互联网学到新知识，教

本文发表于《环球时报》2017年9月26日。

师不再是知识的唯一来源，以至于很容易对教师提出质疑或挑战。正当的质疑是教育教学中必要的，但是完全地走向所谓的"学生中心论"，则极有可能进入另一个极端。当学生和家长不再相信教师，频繁挑战教师的权威，而不是合力培养学生，那么教育的结果也就可想而知。美国等西方发达国家，正是过于迷信学生个性、自由，以至于基础教育的状况愈发堪忧，遭到越来越多的批判和质疑。

西方的教育思想和理念自然有它的优势和长处，但并不必然就比中国的更先进。笔者以为，先进的教育理念应该是互相融合的，博取各家之长，而不是学一个，扔了另一个，矫枉过正。随着社会的开放和发展，我们的教育越来越青睐西方的理念，而忽视了我们传统教育当中好的东西。这显然是不对的。我们应该认真总结经验，把中国传统教育中的精华，比如美国家长提到的尊师重教，还有"因材施教""有教无类""教学相长"等，传承下去，对当下教育中的优秀成果和宝贵经验，也要及时总结、提炼与推广。

SHI PING XIN SHU | 时评新述

我国传统文化中有许多值得学习弘扬的瑰宝，这也是美国家长点赞中国教育的原因。本文提出，美国等西方发达国家，正是过于迷信学生个性、自由，以至于基础教育的状况愈发堪忧，遭到越来越多的批判和质疑。我们的教育越来越青睐西方的理念，而忽视了我们传统教育当中好的东西，这显然是不对的。在我国迈向教育强国、实现中华民族伟大复兴进程中，挖掘优秀教育文化传统，是增进我国教育自信的力量之源。

大学生创新创业意识要鼓励

据《重庆晚报》报道，4月10日，西南大学外国语学院2014级非师范专业6班组建的班级公司正式成立。班级公司由全班同学参与，班长担任法人代表，开展外语翻译、家教、平面设计等业务，未来将在工商部门注册。对于班级公司该怎么看？是创新吗？该鼓励吗？能借鉴吗？有风险吗？

大学生班级集体创业，全班同学都为合伙人，虽然看上去冒进，但是，无论从国家的宏观政策，还是从目前的大学生就业形势，或者高校内部的教育理念以及创业教育的开展来看，都有许多值得肯定之处。

首先，从国家宏观政策来看，2015年全国两会上，李克强总理在政府工作报告中指出要把"大众创业、万众创新"打造成推动中国经济继续前行的"双引擎"之一。这一举措预示我国进入了"创客"时代。高校作为人才培养、科学研究的场所，需要更好服务国家战略需求，为经济社会发展提供智力支持和人才支撑。那么，在校大学生作为青年的优秀代表，提前介入和体验创业，也是响应和落实国家政策的具体表现，创意者的出发点应该得到认可。

其次，从高校毕业生就业形势来看，让大学生提前了解一些创业

本文发表于《中国教育报》2015年4月16日。

的知识和技能，有助于大学生就业。众所周知，现在高校毕业生突破了 700 万，再加上累积下来未就业的或入职不久跳槽的大学生，可以说就业形势十分严峻。那么，高校帮助大学生做好就业准备，提前感受职场，培养相应创业能力和技能，有助于将来大学生毕业时择业、就业或创业。

再次，从传统的育人理念和办学模式来看，班级集体创业也是一个创新。当前，精英主义的培养理念和关起门来办教育的发展模式，已经越来越和经济社会发展脱节，我们应该回过头去审视我们的传统大学教育。班级集体创业，从理念上看，虽然有些超前，但从未来来看，或许很平常。其实，我国许多应用型大学已经实现校企一体化，让企业、工厂进入学校，学生学习的同时也在从事相关的实习、实践乃至创业活动，真正实现了学以致用的目的。通过几年的大学学习，大学生不仅掌握了理论知识，也拥有了一技之长，何乐而不为？

最后，从大学创业教育来看，班级集体创业也是对以往创业教育的完善和丰富。整体上来看，我国许多高校尚没有把创业教育作为一项重要的工作，虽然设有相应的就业指导中心，但是学校并没有开设就业指导课程。尽管也有部分高校把创业教育纳入了培养计划，开设了职业生涯规划、就业指导等课程，但大都限于纸上谈兵，与实践严重脱节。从这个角度看，班级成立公司，倒不失为一种历练方式。

笔者以为，班级集体创业，作为个案不一定要大力提倡或普及，更不是倡导所有的高校都去效仿，毕竟文化学习才是在校大学生的主业。但无论如何，这样一种创新创业意识应该予以鼓励。

SHI PING XIN SHU 时评新述

　　创新创业是我国的基本战略，也是我国经济持续发展的重要引擎。培养大学生的创新创业精神，对于提升大学生综合素养，提高就业能力和水平，具有非常重要的作用。本文提出，无论从国家的宏观政策，还是从目前的大学生就业形势，或者高校内部的教育理念以及创业教育的开展来看，班级集体创业值得肯定。从近几年大学生就业的数据可以看出，大学生创业比例并不高，但呈现出上升的趋势。总体来看，大学生创新创业教育还要持续加强。

大学"无限开放"偏离服务社会本意

每年3月,武汉大学樱花如期盛开,吸引了各地前来观光的游客。今年,尽管武大采取了种种限客措施,但丝毫没能阻挡络绎不绝的游人。3月22日是武大樱花盛开后的首个双休日,据悉,约有10万游人涌进武大看樱花。

武大文化厚重,樱花烂漫芬芳,自然景观和校园文化相得益彰,早已盛名远播。即便下了"限客令",但是仍然有数倍于规定上限的游客慕名前来。由此可见,游人前来观赏和感受的,不仅仅是樱花怒放争艳,同时更有武大的大学精神和人文底蕴。

对于武大来说,樱花观光是喜忧参半。喜的是借樱花节之名,吸引国内外游客前来参观,除了门票收入外,还提升了学校的知名度,同时也吸引了许多潜在的未来校友。很多优秀的高中学生,就是看中了武大的美丽校园和文化底蕴,才义无反顾选择报考武大。但忧的是,在短期内,动辄数以十万计的游客涌入,不仅对于武大校园,甚至对于武大周边的交通,也堪称是一场"灾难",樱花节成了"樱花劫"。众多游客的涌入,对学校环境的维护、学生的正常学习、教师的生活工作,都可能产生一些不良影响。

时至今日,大学已经走出了传统的象牙塔,越来越开放,加强和

本文发表于《中国教育报》2014年3月25日。

社区社会的融合和交流，已是世界性的共识。所以，履行社会责任，发挥文化功能，这是现代大学的应有之义。但现实中确实存在大学容量有限、资源不足的问题，大学究竟该怎么开放？开放到什么程度？这仍然是一个值得深思的问题。

就其内容而言，大学对外开放大致包括如下几类：一是校园环境开放，市民可以随时去学校参观；二是智力资源开放，学校师生参与到社会建设中去，为公共事务建言献策；三是课程资源开放，通过搭建平台，学校为社会提供形式多样的培训课程，推动终身教育发展；四是相关设施场地开放，为社会机构和个人提供相应活动和学习的便利。武汉大学樱花观光就属于校园环境开放。

从程度上来说，大学作为准公共场所，既不能成为封闭的堡垒，重回象牙塔；但拘于现实条件，也很难面向所有人开放。自20世纪初开始，美国就提出大学为社会服务、让所有人能够享受大学一切教育资源的愿景。时至今日，虽然绝大多数的大学资源可以向更广大的民众开放，大学也积极参与社会各项事务，但是，毋庸置疑，优质大学资源仍然稀缺。因此，武大就樱花观光下"限客令"和收费，也实属无奈之举。

笔者以为，市民固然有欣赏樱花的自由，但是，武大也有维护学校正常教学秩序的权利，关键还在于两者之间的平衡。最基本的底线就在于不能影响学校的正常教育教学活动，否则，舍本逐末，无视规则，就有悖于大学服务社会的本意。

SHI PING XIN SHU 时评新述

大学不能成为封闭的堡垒，但对于社会应是一种有限的开放。

"大学生村"折射可贵的文化坚守

据报道,河南省卫辉市一个名不见经传的村庄——薛屯村,从20世纪80年代开始,每年都有三五名学生考上全国各地的大学。近些年,该村考上大学的学生数量成倍上升,一条街上甚至有多名博士生。笔者以为,一个小乡村居然培养出那么多的大学生,有力回击了当下一些农村地区存在的"读书无用论"。

而今,我国教育整体上取得了巨大成绩,但与此同时,在市场经济和城镇化的双重冲击下,尤其在"读书无用论"的负面影响下,乡村教育日趋式微。越来越多的乡村学校开始衰亡,优质生源逐渐流失,优秀教师严重稀缺,教育质量难以保证。这成为新时期乡村教育的痛点。不过,河南卫辉这样一个"大学生村",却让我们看到了文化传承与坚守的力量。正因这样一份坚守,一批批孩子走出乡村,成为国之栋梁、社会精英。

知识改变命运,是20世纪八九十年代一度激发无数乡村孩子"跳龙门"的动因,而在21世纪,知识能否改变命运却成了许多村民心中新的疑惑。不可回避的是,读书并不一定带来高收入和体面的工作,甚至几年大学下来,不少家庭可能"因教致贫"。究其原因,是大学扩招后,毕业生人数剧增,大学生一时找不到合适的工作,短期内待遇还不如进城务工人员。正是在这种环境下,"读书无用论"卷土重来。

本文发表于《中国教育报》2016年3月2日。

可喜的是，薛屯村没有陷入"读书无用论"的认识误区，村民们依然坚信读书能让孩子看到外面精彩的世界，可以改变命运。如报道所言，"在这里，家家户户比的不是吃穿，而是看看谁家的孩子能考上大学"。其实，就是这种朴实的坚守使一批批大学生从乡村走出，甚至在撤点并校过程中，这个乡村的学校不仅没有缩小，反而扩建了。这足以显示当地对乡村教育的重视。

"大学生村"的形成固然离不开乡村领导的重视、家长们的"攀比"以及当地的民风淳朴，但更重要的是，这样一种尊师重教的文化氛围和大学生的榜样激励作用，让乡村文脉薪火相传，人才辈出。其实，诗书传家不仅是我国优秀的文化传统，也是20世纪一段时期"大学生村"不断涌现的根本原因。在农耕为主要生产形式的时期，由于没有其他出路，做到这一点比较容易，但到了信息化社会，还能如此坚守，难得可贵。

笔者以为，在急剧变革的时代，更需要对美好事物的坚守。薛屯村对教育的重视、对优秀文化的传承等，无疑折射出一种可贵的文化坚守，也告诉我们，时至今日，"教育改变命运"仍未过时。

时评新述

教育具有化民成俗、培育文化的重要功能，在乡村教育日渐式微、新"读书无用论"抬头的形势下，乡村教育的坚守和振兴非常重要。本文提出，河南卫辉薛屯村这样一个"大学生村"，始终坚信读书能让孩子看到外面精彩的世界，可以改变命运，让我们看到了文化传承与坚守的力量。随着国家乡村振兴战略的推进，相信乡村教育会越来越被重视，更多的孩子将会走出乡村，成为国家栋梁、社会精英。

书法教育要上升为国家文化战略

据媒体报道，唐代颜真卿的《祭侄文稿》16日正式开始在日本展出。由于台北"故宫博物院"将如此贵重的文稿借给日本，引发网友的争议，唯恐对文物造成伤害。传世书法珍品是否应该到日本展览，仁者见仁智者见智。然而，日本对书法教育的重视，却值得我们学习和反思。

书法作为一门艺术，是中华五千年文明的结晶，是中华民族的瑰宝，也是中国及周边国家和地区特有的文字艺术。但令人大跌眼镜的是，我国书法普及程度竟然还不如日本。有关数据显示，2014年日本的总人口约为1.26亿，其中书法爱好者为2000万，书法家80万；而我国总人口13.6亿，其中书法爱好者为3000万，书法家为50万。日本每100人中，就有16人爱好书法；而中国每100人中，只有2位书法爱好者。相比之下，差距非常明显。

书法在日本的普及，在于其对书法教育的重视。日本深受我国文化影响，在唐朝，日本就派遣唐使来中国留学，随之传入的书道法帖和以字取仕影响了日本政治文化氛围，书法水平高低是其能否入仕的重要指标之一。21世纪，日本政府出台了《文字活字文化振兴法》，建立了完整的书法教育体系，中小学书法教育设立书法必修课，被安排在国语课中，并安排了固定的学时，从小学三年级开始，每学年开

本文发表于《环球时报》2019年1月17日。

设 30 课时书法课；初一每学年 28 课时的书法课；初二、初三每学年完成 11 课时，到高中每学年仍要求完成 6 课时。总体来看，作为日本书法教育基础的中小学书法教育，都设立了书法必修课，配备了专职书法教师，在课程和师资方面给予了充分的保障。

近年来，我国政府高度重视中华优秀传统文化教育，书法作为优秀传统文化的重要组成部分，也受到了相应的重视。2011 年，我国发布了《教育部关于中小学开展书法教育的意见》，规定小学三到六年级学生每周安排 1 课时用于毛笔书法学习，纳入语文课程中。2013 年，教育部又出台了《中小学书法教育指导纲要》。自此书法教育纳入中小学教学体系，并对不同学段的书法教育都做了相应的设计和安排。应该说，小学生每周 1 课时的毛笔书法学习时间，也已经超过了日本。

虽然我国将书法教育纳入了教学体系，但从总体上看，相当部分家长和老师对这项工作并不重视，很多时候书法课被语文课、数学课等主要课程占用。有些书法特色学校，也只是通过兴趣社团来开展书法教育，并未真正在学生中普及。

书法教育是传承中华民族优秀文化，能提高学生汉字书写能力，培养审美情趣，陶冶情操，提高文化修养，是促进学生全面发展的重要举措。因此书法教育不能仅仅只是在学生兴趣爱好和社团活动中开展，而是要提升到国家文化战略层面来予以重视和保障，使之真正成为一门文化基础课程。

SHI PING XIN SHU | 时评新述

作为我国的一种国粹，书法是我国优秀传统文化的重要组成部分，由此书法教育也应是现代学校教育的重要内容。不仅仅是作为兴趣社团活动来开展，而要上升到国家文化战略层面予以重视。

诺贝尔奖会从年轻海归学者中产生吗

近日,正在旧金山出席百人会第19届年会的斯坦福大学校长约翰·汉尼诗和加州大学圣塔芭芭拉分校校长杨祖佑,分别就中美学生教育和诺贝尔奖接受中新社记者的采访。两位美国大学校长认为,中国诺贝尔奖得主将会在近期回国的年轻学者中产生。

关于诺贝尔奖,伴随着最近热议的"钱学森之问",一直是当今中国大学挥不去的心头之痛。经过改革开放,我国在政治、经济领域都取得了令世人瞩目的成就,但在文化领域,却似乎一直徘徊不前,并没有太多创新性的成果。这种尴尬的现状为国外学者所轻视,很多国外学者甚至认为国内的一些研究尤其文科研究根本不是研究,更听说国外学者在国内的期刊发表的文章都不能算作学术成果。同时当前学术现状也为国内一些真正的学者所反省,学术造假、学术腐败、学术功利主义,无时无刻不在侵蚀着我们的大学,侵蚀着知识分子的良知。那么,在这样一种大的环境下,试问,如何从回国年轻学者中产生诺贝尔奖?

不仅如此,很多天资优异的学生早已被国外的大学和研究所用高额薪水和绿卡所挽留。相关数据统计显示,我国每年出国的人数在10万以上,但学成回国的留学生仅占总数的四分之一左右。所以,从整体上看,除去留在国外的学生,学成回国的不排除有钱学森老前

本文发表于《中国教育报》2010年4月19日。

辈一样的为国效力的有志青年，也不排除有滥竽充数的方鸿渐之流。

在这里，我们甚至可以假设这些留学回国的年轻学者都是学富五车、学贯中西。但是，这些学者回国后就真能很好地实现个人价值和社会价值吗？恐怕不见得。很多留学归来的学生并不比本土培养的学生更优秀。前不久国内某著名大学海归博士跳楼事件难道不值得我们去反思吗？这可能有回国年轻学者的个人因素，但从另外一个角度看，无法否认的是我们现行的教育管理制度有一些局限，并没有很好地去安置和善待这些年轻的海归学者。另一方面，一些年轻学者也没能很好地摆正自己的位置，或者只想着国外的优渥条件而导致了心态的失衡。

作为留学归来的青年学者，需要迅速融入国内的学术圈，积极参与到学术科研中来，而非动辄就和国外一些大学做比较。作为大学，首先要做到的是吸纳优秀的人才、吸纳那些真正执着于学术的青年。这不仅包括海外学成的年轻学者，也包括国内培养的优秀学生。同时要尊重人才，给年轻学者提供从事研究的学术平台和相对优渥的生活待遇。在日常工作和管理上，还要进行科学的人性化的制度安排，让年轻学者把主要的精力放到科研和教学中去，让他们学有所用，用有所成。如此，诺贝尔奖甚至世界一流大学的追求将不会那么遥远。反之，则诺贝尔奖的获得、杰出人才的培养、一流大学的建设都无异于痴人说梦。

SHI PING XIN SHU｜时评新述

诺贝尔奖是世界公认的重要奖项。能否获得诺贝尔奖，一定程度上代表了一个国家的学术水准和文化贡献。这篇文章已经发表十余年了，之所以把该文收入本书，是因为在我国，年轻海归学者作用的发挥，还有待进一步重视和加强。

同行评议不应成学术造假温床

近日,德国施普林格出版集团宣布,撤回集团旗下 10 本学术周刊上发表的 64 篇科研论文。这是继数月前英国 BMC 出版社撤回 43 篇学术论文后又一次学术造假事件,缘由都是同行评议过程存在造假现象。被学术出版界视为衡量论文质量重要标准的同行评议机制,成了学术造假的一个"痛点"。

从媒体揭露的情况来看,主要存在两个方面的问题:一是期刊请作者推荐同行专家,因人情关系放宽了录用标准,以次充好,影响了学术论文的质量;二是某些服务于学术发表的第三方机构介入,通过上报同行专家名单,进而伪造邮箱地址和评审结果等,成为学术造假的重要推手。由此可见,同行评议作为高水平学术论文发表的重要参考,面临着越来越大的挑战。

笔者以为,这种挑战,并非是同行评议本身的问题,同行评议也不应成为学术造假的替罪羊。毋庸置疑,同行评议制度从 17 世纪中叶诞生至今,已是学术发表的重要依据,甚至是唯一标准,高水平的同行评议也成为学术研究科学性和期刊质量的重要保障。很难想象脱离了同行评议的学术,会是怎样的学术生态。显然,学术期刊编辑限于精力和专业能力,很难承担甄别论文优劣的责任,相关行政管理人

本文发表于《中国教育报》2015 年 8 月 22 日。

员大都是门外汉。相形之下，同行评议的专家，大都是各自研究领域的佼佼者，能够很好地起到学术"守门人"的作用。毫无疑问，同行评议是期刊发展的基石，应是国际学术界的共识。

可以说，同行评议的制度安排本身没有问题，它经受了时间和实践的检验，但近年来同行评议机制的"漏洞"仍然应该引起我们的警醒。首先是同行评议专家的资质问题，其次是谁负责邀请的问题，再次是同行评议之后谁来监督的问题。同行评议专家资质的重要性不言而喻，既需有专业的水准，也要有人品的考量。至于谁负责邀请的问题，显然期刊遴选要好于作者推荐。而关键在于监督的问题，或者说在于事发之后的问责机制。从报道的情况来看，主要是后面两个问题。笔者以为，监督或问责层面的缺失，是其根本性的原因。如第三方机构参与造假，并不是同行评议的问题，而是社会机构因谋取私利打着专家的名头赚钱，而期刊编辑和专家可能并不知情。

要解决这一问题，除了社会的正面引导、学者专家的道德自律外，学术期刊还应建立更多防范机制，比如盲审、多审等，虽然会加大审稿的成本和延长周期，但是至少可以在一定程度上减少"漏洞"所带来的学术造假风险。当然，如果涉及学术造假，学术圈和司法部门要进行必要的介入，对于不端或者违法行为，应该予以必要的追责。在美国、德国、日本、韩国等发达国家，高昂的问责代价，比如解雇、追回科研经费、媒体曝光等，使得学术圈的人越来越不敢涉足学术造假的"雷区"，成了保证同行评议严肃性和公正性的重要外部力量。这些，都值得我们借鉴。

需要进一步指出的是，在这次被撤回的论文中，来自中国学者的论文占了相当部分，这必须引起我们警醒。由于表述语言和学术范式的差异，不一定全是有意造假的问题，但也不排除部分学者参与了投机。以笔者看来，造假事件给我们更大的警示，则是中国学者在学术国际化程度上，无论是学术的规范性，还是创新性，乃至道德自律，都还有很长的路要走。

SHI PING XIN SHU | 时评新述

　　学术是天下之公器，对于科技创新、文明进步、社会发展具有非常重要的引领作用。学术论文的优与劣，究竟由谁来评判呢？从目前的机制来看，主要是由同行评议产生。本文提出，同行评议的制度安排本身没有问题，它经受了时间和实践的检验，但近年来同行评议机制的"漏洞"仍然应该引起我们的警醒。现在，随着科研评价制度的改革，以及期刊管理办法的完善，相信学术造假问题会得到有效遏制，将会更加注重论文的原始创新和学术贡献。

高等教育国际化须警惕过度商业化

有媒体日前报道，国际大学协会（IAU）对131个国家的1336所大学就高等教育国际化做了一个调查，结果显示：超过半数的大学有意实施国际化战略，其中25%已在筹备中；但同时也存在诸多问题，其中"过度商业化"就是高等教育国际化的主要风险。

国际化是高等教育现代化的重要表征之一。20世纪80年代以来，伴随互联网的普及，高等教育加速推进国际交流，"高等教育国际化"也由此应运而生。各国政府、教育主管部门以及高校的战略规划纷纷将高等教育国际化摆在了核心位置，通过合作办学和项目合作、学术交流和科研合作、学生输出和短期互访、管理理念和课程教材、区域性和全球性学术组织等形式，积极参与到高等教育国际化的进程中来。

然而，高等教育国际化的发展，带来了一系列的问题。比如过度商业性行为、资源发展不平衡、沽名钓誉、不正当竞争、兜售贩卖文凭、学术造假等，高等教育国际化逐渐偏离了通过国际合作提高学术水准、夯实科研能力、攻克学术难题的导向，严重违背了高等教育国际化合作、交流、互惠的核心价值。

可以说，随着高等教育市场化的深入，高等教育国际化与商业

本文发表于《中国教育报》2014年4月16日。

化如影相随，只不过商业化的地域外延扩展了，不再局限于某一国家、地区和大学，而是成了一种国际性的商业行为。据悉，留学市场最为发达的美国，2013年来自留学生的经济收入就超过了200亿美元，其中中国留学生直接贡献了超过44亿美元。"留学经济"正在成为美国经济复苏过程中的新亮点。而澳大利亚和欧洲、东亚的一些发达国家，正是看到巨额的经济利益空间，才不断推进高等教育国际化战略。

在高等教育界，许多大学为了"创收"，不惜降低学术标准，通过各种途径攫取财富。比如与欠发达国家开展合作办学，进行项目、科研合作和人员交流，都受利益驱使，日趋商业化，实际意义上的指导和合作却相当有限。在此背景下，不少大学成了"证书工厂"，尤其一些国外野鸡大学更是打着国际化的幌子招摇过市，出卖文凭，搅浑高等教育留学市场。

其实，早在2011年，加拿大学者简·奈特在国际教育工作者协会上就曾提出高等教育国际化遭遇了"中年危机"的担忧，对高等教育国际化过程中"过度商业化"的倾向提出了批判。这与此次国际大学协会调查的结果正可互相印证。

那么，作为世界上最大的留学输出国，和仅次于美国和英国的世界第三大留学输入国，我国应该对高等教育国际化过程中"过度商业化"的现象有所警惕。近年来，我国高等教育国际化发展迅速，除了常规的出国和来华留学之外，每年都公费派出大量的留学生和访问学者，也有各种国际考察活动，或是举办各种国际学术研讨会议。但是，成效究竟如何？还需要仔细思量。当前，中外合作办学和"慕课"正在成为新的亮点，许多地方政府、高校和资本市场，也都瞄准了这块蛋糕。我们在办学和引进项目时，一定要认真设计、谨慎从事，切勿落入"过度商业化"的窠臼而忘记了初衷。

总之，高等教育的本质是探究高深学问，培养有用之才，服务社会发展。而高等教育国际化的本质则是合作、交流、互惠。笔者以为，无论是"走出去"，还是"请进来"，我们都应该恪守最基本的学术底线，而不是假借高等教育国际化之名，行商业利益之实。

SHI PING XIN SHU | 时评新述

国际化是现代大学的发展趋势，也是重要的战略方向。过度商业化的介入，给高等教育国际化带来一系列的问题，已引起了国际高等教育界的普遍关注。本文提出，"过度商业化"已经成为高等教育国际化的主要风险。许多大学为了"创收"，不惜降低学术标准，假借高等教育国际化之名，行攫取商业利益之实。从实际来看，我国已成为世界上最大的留学生输出国，家长和学生都要充分关注留学质量，理性看待出国留学。

留学生教育如何提质增效

刚刚过去的 2019 年，中国高校在清退一些长期不上课、不按时完成学业的学生方面，下了非常大的功夫。国内近 30 所名校仅清退硕士和博士研究生就有 1300 多名，其中包括一些外国留学生。由于此前武汉大学因清退外国留学生曾引发媒体关注，所以这一话题再度引来热议。

首先，从高校管理角度来说，不管是国内学生还是留学生，没有达到教育主管部门和学校的基本要求，违反了学校管理规定，被校方做出退学与取消学籍处理，都是学校规范管理、提高教育质量的必然要求。在这条"硬杠杠"面前，来华留学生理应和国内学生一视同仁。

其次，我国留学教育规模不断扩大，现在已成为国际教育交流合作的主力军之一。目前中国是世界最大的留学生源国，世界第二、亚洲第一的留学目的国。越来越多外国学生选择来华留学。据统计，2018 年共有来自 196 个国家和地区的近 50 万名各类外国留学人员在全国 31 个省（区、市）的 1000 余所高等院校学习。

再次，必须看到与发达国家留学教育相比，我们还有很大的提升空间。

本文发表于《环球时报》2020 年 1 月 7 日。

一是从接受学历教育的角度来看，目前来华接受学历教育的外国留学生总计 25 万余人，仅占来华留学生总数的 52.44%。虽然接受学历教育的比例在逐年上升，但从接受学历教育的层次来看，来华留学的硕士和博士研究生共计 85062 人，仅占来华留学生总数的 17% 左右。相比之下，有统计显示，2016 年在美国外来留学生中，研究生所占的比例达到 36.3%；2018 年美国理工科大学的研究生中，留学生约占 55%。

二是在来华留学优秀人才的使用上力度还不够大。当下世界各国都在想方设法吸引和留住外来优秀人才为己所用，一些经济发达国家更是冲在前面。它们在收紧移民政策的同时，却为了能留住一些优秀的高层次留学生为本国所用，而对其实行宽松的就业与移民政策，并为其后续发展提供各种支持和便捷途径。在美国，外来留学生一直被视为重要的人才储备。目前在美国市值排前 50 名的上市公司中，有近一半是移民创建或共同创建。硅谷创业的高科技人才有四成以上来自于外国，而这其中的很大一部分都是曾经在美留学的留学生。下一步，我们应努力对留学研究生进一步发掘和培养，使其成为我国高层次人才队伍的重要来源和补充。

三是在学生的资助上，可以更加灵活。从资助方式来看，我国主要以政府奖学金的形式对来华留学生进行资助；而美国的资助方式更为灵活多样，其中政府对学生直接资助所占的份额非常小，近三年来其比例均数仅为 1.93%。当前，美国对外来留学研究生的资助方式以"高校资助"为主，即留学生通过在美方大学开展助教或助研的方式来获取资助，其获取的资助一般由高校从联邦政府拨付给学校的科研经费中支出。将来，在外来留学研究生经费资助方面，我们可以在多方借鉴的基础上，设置更为灵活多样的途径和方式，并赋予高校更多的自主权，着力提升来华留学生的培养质量。

总之，对于来华留学生，不仅要看数量，更要看质量，努力招收和吸引国际最优秀的生源来华学习。同时还要加强日常教学管理，切实在提质增效上下功夫，最终为提高中国的教育和科研水平作出实质性贡献。

SHI PING XIN SHU | 时评新述

留学生教育是我国教育的重要组成部分，也是我国教育国际化的必然举措。在我国留学生教育中，留学生质量问题，受到社会各界的广泛关注，特别是对留学生超国民待遇提出了普遍质疑。本文提出，要通过提升学历教育比例、吸引优秀留学生、资助体系上更加灵活等举措，进一步推动留学生教育提质增效。近年来，国家出台了一系列政策，进一步提高留学生的质量，高校层面也在积极落实。相信来华留学生提质增效的问题将会得到有效改观。

后记

舆论是推动时代发展、社会变革的重要力量。习近平总书记强调,"党的新闻舆论工作是党的一项重要工作,是治国理政、定国安邦的大事"。在西方,由于新闻媒体拥有对社会的监督权力,被称为与立法、行政、司法并列的"第四权力"。可以说,在一个影响力为王的时代,谁掌握了话语权,谁就占据了制高点。

铁肩担道义,健笔为家国,这是广大知识分子的应有情怀。今日的学者特别是智库学者,理应勇担引领舆论的重要使命。如果从学术修为来看,我还远未达到真正的"学者"的高度,充其量只是一名教育科研领域的"学习者",但总体上还比较好学。无论是大学毕业后做中学教师,还是继续攻读硕士、博士,再到进入中国教育科学研究院工作,我都始终不断学习积累教育理论、政策和实践知识,把所思所想形成文字。从2007年我撰写发表第一篇教育时评算起,至今已有十余年了。我先后在《中国教育报》《光明日报》《环球时报》等国内主流媒体发表了近200篇教育时评和理论文章。

客观而论,历经10年结集而成的书稿,确是我的一部学习成长"心路史"。时评于我,不仅仅是引导我担当起一份知识分子的社会责任;更重要的是,它促使我对教育问题的持续关注和深度思考。某种程度上说,是时评造就了我,成就了我。

需要说明的是,对教育问题的持续思考和关注,并不表明一开始我就有写作时评的天分。在写作之初，我投出的稿件总是石沉大海。每每投上10篇之后，过了几个月后，才发现有那么一篇文章见诸报刊网络。当然，这提升了我对教育现象和问题关注的敏感度，更重要的是让我成了一名勤奋的写手和快手。慢慢地我开始有了许多约稿，而一旦接下约稿，我会认真地对待每一篇稿件；对于不太了解的情况，我都会仔细查阅资料，或是主动向一线校长教师朋友们求教。因为勤于练笔、守时守信，能够比较准确地把握政策前沿和教育实践，《中国教育报》评论版的主编多次提到，我的稿件是"免检产品"。许多高校教授、中小学校长教师看了我的文章后，也都觉得接地气，有启发。这些正面反馈，给了我许多鼓励。

然而，舆论是把双刃剑，可以克敌，亦能伤己。以至于许多学者对于引领舆论，是敬而远之的。我并非不懂得这样一个道理。总体来看，在教育舆论引导上，我秉持建设性态度。随着和媒体交道的增多，不断有报刊、网站、新媒体向我约稿，名声在外，名不副实，反倒让我诚惶诚恐。这份惶恐，让我在之后很长一段时间之内，只在做好本职工作前提下，力所能及地在主流媒体发表一些专业评论。与此同时，即便我已成为教育时评领域的"老手"，仍深感困惑，那便是如何才能写好一篇高质量时评，既要宣传阐释好党和国家大政方针，也要有效回应民意民情；既不能过于"八股"总是求稳，也不能剑走偏锋过于"出格"。这让我很是苦恼，甚至很长一段时间想彻底告别时评写作。

随着时评文章的陆续发表特别是数量过百后，从2015年开始，我就有结集出版的想法。但把这些散落的"珠子"穿成"项链"，并找到"伯乐"襄助出版，并非一件容易的事情。在积攒多年之后，非常有幸结识了江西教育出版社总编辑桂梅，她对这本书稿篇目的选择、书名的提炼、体例的完善、装帧设计给予了专业的建议。今年是中国共产党建党100周年，也是中国教育科学研究院建院80周年，《时评里的教育学》的付梓出版，可以说既是对我过去十余年时评写作心路的总结回顾，也是向党的百年华诞和中国教育科学研究院建院八十周年的一份献礼。

感谢北京师范大学顾明远教授，九旬高龄的先生百忙之中欣然为拙作作序，令我备受鼓舞和感动；感谢中国教育科学研究院原副院长高宝立研究员、《中国教育报》资深编辑张贵勇老师、北京师范大学罗容海博士、浙江省宁波市镇海区教科所刘波老师等领导和好友的大力推荐，感谢多年来教育圈、媒体界朋友们的信任和鼓励，感谢前期参与了一些基础性工作的罗婉珑、唐冉等朋友和同事，感谢江西教育出版社同志们的辛勤付出。正是在大家的鼎力帮助下，拙作才得以面世。

由于个人学识有限，无论在对于教育问题的认识上，还是在教育时评的写作上，难免存在一些不足和稚嫩之处，还望方家给予批评指正！

2021 年 7 月 21 日